一九二一年版 ブリタニカが語った日本外交史

戸山穣

展転社

目次

一九一一年版ブリタニカが語った日本外交史

第一部　序論

第二部　ブリタニカ百科事典（一九一一年版）記載の日本外交史（参考訳）

カバーデザイン　根本眞一（クリエイティブ・コンセプト）

第一部

序論

Ⅰ　本外交史について

一　ソヴィエト共産主義体制確立前に書かれた百科事典の価値

第二部に記載されている本外交史は、一九一一年に発行されたブリタニカ百科事典第十一版（全二十九巻）の、日本の外交史に関する記述（第十五巻、二百二十四―二百五十二頁）の参考訳です。ブリタニカ百科事典第十一版は、第十五巻の百五十六頁から二百七十五頁までを「Japan」の項目に割いており、同項目は、一．地理、二．国民、三．言語および文学、四．芸術、五．経済状況、六．政府および行政、七．宗教、八．外交、九．内国史、十．日本の主張、の全十章によって構成されています。この頁数から判断しても、日露戦争に勝利し世界の列強に名を連ねて間もない極東の小国であった日本に対して、当時欧米諸国がどれほど高い関心を有していたかが窺えます。

今から百年以上も前に書かれた百科事典を読むことに何の意義があるのかと思われる読者もおられるでしょうが、この第十一版が、一九一七年十月に勃発したロシア共産主義革命（所謂「ボルシェビキ革命」[1]または「十月革命」）の前に出版された最後のブリタニカ百科事典であるということが、それに特別な資料的価値を与えているのです。ロシア共産主義革命によってソヴィエト共産主義体制が誕生した後は、ソヴィエト・ロシアに限らず、欧米諸国、シナ、朝鮮、そして日本の社会・共産主義者[2]の多くが、ソヴィエト・ロシアを母体として共産主義体制を世界中に拡大させなければならないという使命感に基づき、当時ソヴィエト・ロシアが最も恐れ敵視していた日本を弱体化させようと、さまざまな工作を施したのでした。[3] そして、そのような工作活動には、共産主義活動家に言葉巧みに操られ、共産主義体制拡大のために利用されていることに気づかずに協力していた者も多数参加していました。[4] それらの工作活動の結果、日本を貶める多くの作り話が捏造され世界中に流布され、現在にいたるまで、

1　「ボルシェビキ」とは、一九〇三年に開催されたロシア社会民主労働党（マルクス主義に基づく階級闘争を実行し無産労働者による政府の樹立を唱えた党）のブリュッセル・ロンドン会議において過半数（ボルシェビキ）を占めた一派に由来する言葉であり、一般的には共産主義革命の過激派などを示す言葉として用いられている。

2　当初の社会主義者と共産主義者の違いについて、ロシア革命の思想的な基礎となった『コミュニスト・マニフェスト』（一八四八年一月初版完成）の著者の一人であるフリードリヒ・エンゲルス（Friedrich Engels）は、一八八八年に出版された英語翻訳版のコミュニスト・マニフェストの前書きの中で、(i)社会主義者とは、様々な理想郷の制度を追求している者と、資本や財産権に悪影響を及ぼすことなく小手先の改革で社会における不満の全てを解決することができると公言する似非社会活動家を指し、彼らは支持を知識階級に求めており、(ii)共産主義者とは、政治的革命では不十分であり、社会全体の変革が必要であると唱える無産労働者たちを指しており、一八四七年の時点では、社会主義運動は中産階級の運動であり、共産主義運動は無産階級の運動であった、と述べている。

3　左記Ⅴの七を参照のこと。

4　注22、136および169を参照のこと。

5　左記Ⅱの一および二の他、注137および169を参照のこと。

日本を取り巻く史実を歪めてしまっているのです。[5]

ソヴィエト共産主義体制が確立される前に書かれたこの第十一版は、共産主義者とその協力者たちによる反日工作活動の影響をそれほど受けていないと思われるため、本来、当時の英米知識人が日本をどのような国として捉えていたのかを理解する上で、貴重な資料と言えるのです。

二　本外交史の前半について

前半は、キリスト教の布教活動の実状と、それを原因として鎖国政策が実施されるまでを中心に記しています。例えば、秀吉は九州征伐の際に、キリスト教徒による社寺仏像の毀敗および僧侶に対する迫害行為、ならびに日本人が奴隷として海外に連れ去られている事実などを目撃したことにより、欧州の強大なキリスト教諸国による日本侵略を強く懸念したであろうことが推測されています。そして、もし十六世紀のイエズス会総会長が秀吉の立場に置かれたとしたら、外国の教義およびその宣教師たちに対して、秀吉が示した寛容さのほんの一部すらも示すことはなかったであろうことは明らかである、と述べています。

家康も、欧州偵察のために現地に送った密偵から、宗教裁判、十字架の名の下での制限のない侵略行為、教皇による異端君主の領地没収、宗教戦争、その他の信じ難い狂信的行為に関する報告を受け、キリスト教に対して邪悪な印象を持ったはずである、と推測されています。そして、ウィリアム・アダムスから「ローマ系聖職者は、ドイツの多くの地域、スウェーデン、ノルウェー、デンマーク、オランダおよびイギリスから追放された」ことを聞いた家康は、「欧州の君主らがこれらの聖職者を許容しないのであれば、私が彼らを許容することを拒んでも、彼らに対する不当な扱いとはならない」と語ったことが記されています。

さらに、大坂夏の陣において、徳川軍は十字架ならびに救世主およびスペインの守護聖人である聖ジェームズの像を紋章とする軍旗を掲げる敵軍と交戦することとなり、ポルトガル船の中からは、日本人キリスト教信者たちに革命を促し、不満を抱くキリスト教徒の数が十分となった時には、彼らを支援するために軍艦を派遣する約束を記した手紙が発見されたことに触れています。また、英蘭艦隊司令長官が徳川秀忠に宛てた書簡には、宣教師たちによる背信行為が明確に告発されており、スペインのフェリペ王の侵略的な謀略に対する注意が喚起されていたことも述べています。

そして島原の乱について、江戸幕府は、ポルトガル人がそれを扇動したことを示す十分な証拠を持っていると確信しており、したがって、江戸幕府が最終的に採用せざるを得なかった鎖国政策は、キリスト教の布教活動が対日侵略活動であるという認識に基づいたものであり、反キリスト教徒であって、反外国ではなかった、と記しています。

三　本外交史の後半について

後半は、幕末に日本が西洋列強から受けた開国（外国との交易、外国人の日本入国および国内居住の許可など）の強要とその結果、そして開国後に日本が国家安全保障のために日清戦争および日露戦争を戦ったことが主に記されています。また、樺太、千島列島、琉球諸島に対する日本の領有権に関しても語っています。さらに、日露戦争後の清国の領土保全に関して、世界の国々は自国の行いを棚に上げ、日本に対してのみ理想の極みに達した規範に従った行動をとることを期待したと述べています。

特に、十九世紀後半から日本海においてロシア帝国が軍事力を強化していた事実を指摘し、朝鮮半島が西洋列強の支配下に置かれてしまうと日本の安全保障を著しく脅かすこととなるという視点から、多くの出来事が説明されており、それらの内容は次のものを含みます。

日清戦争は、日本が朝鮮を清から独立させるために戦われたものであった。清としては、他国に朝鮮半島が占領されると、首都北京への海上航路が脅かされることとなり、さらに、清王朝の発祥地である満洲への侵入を容易に許してしまうこととなるため、朝鮮王国が実質的に独立国として行動することを許さず、その支配の維持に努めた。清が朝鮮に干渉し続けた結果、朝鮮の支配者たちは国に対する責任感の一切を失い、行政は私利私欲に基づき行われていた。その結果、一般国民は、財産の保障も国家的な大望もなく、無気力な状態に陥っていた。

日本としては、朝鮮が西洋の強国（特にロシア）によって支配されてしまうと、日本の安全保障上の深刻な危機に陥ることとなるため、朝鮮王国がそのように行政上無能力な状態に陥り、国家が衰弱することによって、朝鮮半島が強国に侵略されてしまうことを許すことはできなかった。日本は、日本自身の国力の発展および資源の開発に顕著に寄与した文明を朝鮮にも導入することによって、かかる安全保障を達成できると考えた。しかし清が朝鮮王国への西洋文明の導入に強く反対し、かかる日清両国間の対立が日清戦争を引き起こしたのであった。

日清講和条約で、遼東半島が日本に割譲されることとなったが、この目的は、朝鮮を北からの侵略、すなわちロシアによる侵略から守ることにあった。当然それを許すことのできないロシアは、フランスおよびドイツの協力を得て、遼東半島を清へ還付することを日本に強要した（「三国干渉」）。

日露戦争は、ロシアによる朝鮮侵略を防ぐために、日本によって戦われた。ロシアは、ロシアの極東地域と太平洋を結ぶ航路を確保するために、朝鮮半島の南部に自国のために堅牢な足場を取得する必要があり、これが、ロシアによる朝鮮侵略の強い動機となっていた。当時の朝鮮は、国民は非進歩的であり、資源は未開発、防衛能力は微々たるもので、政府は腐敗しているという、侵略者が望む条件のすべてを備えていたのであった。

ロシアが朝鮮半島を支配すると、日本の海岸に砲弾が届いてしまうような距離に、強大な軍事力および飽くなき野心を有する強国が根を下ろすことになってしまい、さらに、ロシアの支配地がオホーツク海から渤海湾まで途切れることなく続くこととなれば、清国の北部が最終的にロシアに編入されてしまうことが確実となるため、日本はロシアによる朝鮮半島の侵略を防がねばならなかった。ロシアが朝鮮北部で一連の侵略的行動に着手すると共に、大規模艦隊と増強部隊を東に向けて送り出すことを急いだため、日本はロシアとの戦争を決断したのであった。

日露戦争を経て日本は、朝鮮（大韓帝国）への介入を強める必要性を認識し、[6]それを可能とする新たな合意を一九〇七年七月二十四日に大韓帝国との間で締結した。これが大韓帝国の独立性にとって痛手となったことは否定できないが、これが不可避であったことも、同等に明白であった。なぜならば、大韓帝国には中世的諸制度の最悪の悪弊のほとんどすべてが存在していたからである。司法の運用は情実または利害にのみ基づき行われており、警察は、その腐敗と無能によって、国民の生命および財産の保障を不安定なものとし、軍隊は金銭ずくで動く使いものにならない者の集団であり、役職は売買によって割り当てられ、何千人もの無能者が行政官の要職を埋めていた。朝廷には占い師とあらゆる種類の陰謀者が群がり、王家と国家の財政は絶望的に混同され、司法制度は全く整備されていなかった。

一九〇六年の初めから一九〇八年の終わりまでに、日本は大韓帝国の行政改善のために、税・教育・司法制度の改革、各種銀行の設立、郵便・電信・道路整備・鉄道業務の提供、各種公共施設の建設などを実施した。すべてを合わせると、一九〇九年の終わりの時点で、日本は大韓帝国のために千五百万スターリングを支出していた。最終的に、一九一〇年八月二十九日に日本が朝鮮を併合することとなった。[7]

6　ロシアは日清戦争の前から朝鮮の侵略計画に着手しており、ポーツマス会議のロシア代表の一人であったウラジーミル・ラムスドルフ (Vladimir Lamsdorff) 外務大臣は後に、「その政治の状態および地理的条件のため、当然にロシア帝国の一部とならなければならないという朝鮮の宿命は、前から我々によって決められていた」と語っている (David J. Dallin 著、『The Rise of Russian in Asia』(Hollis & Carter, 1950)、四十七頁)。本外交史二百五十七―八頁で示唆されているように、日露戦争の戦勝国でありながら講和条件の交渉に強い姿勢で臨むことができないほどロシアとの戦争で国力が疲弊していた日本にとって、再び同様の戦争を強いられないためには、大韓帝国が早急に自立する必要があった。

7　一九〇一年から一九〇九年まで米国大統領の職を務めたセオドア・ルーズベルト (Theodore Roosevelt) は、第一次大戦が勃発した一九一四年に英国の週刊誌「The Outlook」(九月二十三日付) に寄せた「世界大戦：その悲劇と教訓」(The World War: Its Tragedies and Its Lessons) と題する論文の中 (百七十四頁) で、日本による朝鮮併合について次のように述べている。「朝鮮は絶対的に日本のものである。確かに、朝鮮が独立国として維持されるべきことが条約によって厳粛に約束された。しかし、……この条約は、朝鮮が自国を適切に統治できるという誤った推定に依拠したものであった。朝鮮が、あらゆる実質的な意味において、自国を全く統治できないことがすでに示されていた。日本には、朝鮮が外国の列国に侵略されることを許す余裕はなかったのである。日本は、自国の子供たちやそのまた子供たちに対して負っている義務が、条約上の義務に優先すると判断したのである。」

Ⅱ　一九二二年発行のブリタニカ百科事典第十二版における日本の外交に関する記述

右記のように、第十一版は、日本が国防のために清国およびロシア帝国を相手に戦ったことを記していますが、この二つの戦争のために日本は莫大な支出を被り多数の戦死傷者を出すこととなりました。その後、かかる費用および損害に対する賠償の性質も有する「日清講和条約」および「日露講和条約」、ならびにその後の「満洲善後条約」や、後述する「二十一箇条」の一部を成す「南満洲及東部内蒙古に関する条約」などに基づき、日本の民間人および政府は、条約で定められたシナの特定地域内において条約で認められた事業を営み、その範囲内で鉄道や資源開発への多額の投資も行うようになりました。もちろん、第十一版で強調されているように、満洲は地政学上、朝鮮半島をロシア（特に共産主義革命後は共産主義者）による侵略から守るために極めて重要な地域であり続けました。

しかし一九一一年に清国で辛亥革命が勃発し清国が崩壊すると、シナは無秩序状態に陥り、日本人居留民の生命および日本人の財産が著しく脅かされるようになったため、日本国政府はそれらを保護するための手立てを講じる必要に迫られました。

シナにおいて日本人を含む外国人居留民の保護の必要に迫られた状況は、過去にも生じており、本外交史二百四十二―三頁の「シナの一九〇〇年の危機」で述べられている、天津・北京在住外国人を標的の一つとした清国人集団による暴動（「義和団の乱」）の際には、日本を含む列国八ヶ国と清国との間で、損害賠償と外国人居留民保護を目的とした条約（所謂「北京議定書」）が一九〇一年九月七日付で締結されています。この条約の第九条は列国が渤海沿岸部と北京との間の特定の地域を占拠することを認めており、これに基づき各列国は自国居留民の保護のために自国の軍隊を継続的にシナに駐留させるようになり、列国の軍隊は一九三七年に勃発した日支戦争の最中もシナに駐留していました。

しかし、一九一七年のロシア共産主義革命後は、日本政府が日本人居留民の生命および日本人の財産の保護の目的で執った行動が、特に英米支で反日感情を煽ることを目的とした共産主義者やそれらに操られていた者たちのプロパガンダ[8]によって、ことごとく「謀略」や「侵略行為」として脚色され世界中に流布されるようになったのでした。日本人居留民に対する迫害行為や、日本を貶めようとする反日プロパガンダの数々は、ロシア共産主義革命後の一九二二年にブリタニカ百科事典が第十一版の更新を目的として追加した三巻（一般的に第十二版として知られています）にすでに記されており、ここにその代表的な例をいくつか挙げることとします。

一　辛亥革命（一九一一―一九一二年）以降のシナの無政府状態、および反日プロパガンダ

日支間の関係において特に注視される「対華二十一箇条要求」は、袁世凱が日本に書かせたものであり日本はその提示をためらったと孫文は語っています[9]が、第十二版は、シナの無政府状態によって

8　左記一および二の他に、注10、22、136、137、149、153および169を参照のこと。

9　対華二十一箇条要求が提示された時期に日本に亡命していた孫文は、二十一箇条要求は袁世凱が日本に書かせた

日本がかかる要求を提示することを余儀なくされたと断じ、日本は何よりもシナが健全な政府を確立することを願っており、日本がシナを侵略する意図を有しているなどという意見は悪意に満ちたプロパガンダ[10]以外の何物でもないことを、次のように述べています。

「隣人との間の不和は悲しむべきことであるが、それはあまりにも日常的なことである。しかし、かかる不和が、隣人が自分の家の無秩序を放置しているために生じている場合は、全く苛立たしいものである。共和国の樹立が宣言されて以来二つの陣営に分断されたシナに継続しているさまざまな問題と無秩序状態を最も憂慮しているのは、自国の運命がシナのそれと密接に絡んでいる日本自身である。因循でわがままなシナの外交術をその主な原因とする、恒常的かつ重畳的な意見の不一致と苛立ちによって特徴づけられる、日支関係の全般にわたる傾向に対して、日本政府は一九一四年末の時点で我慢ができなくなったのである。大隈内閣は、『アウゲイアス王の牛舎』の清掃を試みることが唯一の有効手段であると判断し、日支間に存在するすべての問題の解決を目的として、二十一箇条要求を一九一五年一月十八日に袁世凱に提示した。」

「その本質的な理非について、一九一五年二月十三日付のロンドン・タイムズは、『北京側の言い分に基づいたとしても、……これらの条件はおおむね苛酷とも理不尽とも思われるものではない。ものであることを公表している。

「次に二十一箇条条約の歴史に付いて略述する。

二十一箇条約とは何か。多くの人はこれを単に日本の中国蚕食の一つの現れであると思っている。……然るにこの問題は中国人から起ったものである。即ち袁世凱が故意に日本の斯くも過大なる特権を承認し、これが代償として、日本をして、彼が中国の皇帝たることを援助せしめたのである。当初日本は、斯る激烈な条約の提出を逡巡した。」

外務省調査部偏、『孫文全集』（原書房、昭和四十二年八月二十日発行）、第二編　講演及談話。

10　一九二〇年にニューヨーク州議会に提出された共産主義革命に関する報告書は、当時のシナにおける共産主義プロパガンダの激しさについて次のように記している。(i)シナ人の状況はさらに危険なものであり、これはロシア内に大勢いるシナ人とシナ本国内のシナ人との間に存在する密接な関係が原因である。(ii)ボルシェビキがロシアで実権を握った時にロシア内に居た約六万人のシナ人労働者が、ボルシェビキ軍に徴兵され、赤色テロ実行の専門家として育てられたことは、一般に知られるところであり、彼らは、シナにおける徹底したプロパガンダの中核を成している。(iii)一九一九年一月にウラジミール・レーニン（Vladimir Lenin）は、シナ人をソヴィエト共和国の特別な保護の下に置くこと、およびシナでボルシェビキのプロパガンダを実行する為の特別部門を組織するという内容の命令を出した。そして(iv)モスクワには、プロパガンダ活動を実行する者を育成するための大学があり、そこでは、世界中のすべての国から来た者が教育を受けており、インド人の六十種類の言語と、シナ人の四十種類の言語が使用されている（『Revolutionary Radicalism, Its History, Purpose and Tactics: Report of the Joint Legislative Committee Investigating Seditious Activities, Filed April 24, 1920, in the Senate of the State of New York』(J. B. Lyon Company, 1920)（以下「一九二〇年報告書」）、二百四十三―二百四十四頁）。

……これらは、決してシナの領土保全を脅かすものではなく、今日他の列強によって認められている機会均等および門戸開放の原則に抵触するようにも思われない』と論評している。……この時に日本はシナをあからさまでない保護領とする目的を有していた、という一般的な意見は、積極的且つ徹底した敵対的プロパガンダの結果以外の何物でもないのである。これ以上悪意に満ちた見当違いな風諭はない。日本にとっては、日本の隣国が善良な政府によって統治され、産業を繁栄させ、商業を盛んに営むことが、至上の関心事であり最も重要なのである。……北京での四ヶ月の交渉の間日本が常に示していた友好的かつ融和的な意図を完全に無視した北京政府による、際限のない言い抜けの試みによって失望させられた日本政府は、一九一八年五月七日に、期限までに最終的な回答を示すよう北京政府に対して強く求めることとなったのである。」

二　ロシア共産主義革命後のシベリアの無政府状態および共産主義者らによる日本人大虐殺

一九一一年の辛亥革命によってシナが無秩序状態に陥り未だ混沌の中にあった一九一七年に勃発したロシア共産主義革命によって、今度はシベリア東部が無政府状態となりました。日本人のシベリア東部への移住は、一八六四年に帝政ロシアがシベリア東部開発を担う移住者の募集を江戸幕府に依頼したことから正式に始まり、革命が勃発した一九一七年の時点では判明しているだけでも五千人の日本人がシベリア東部に居留していました[11]。そのような状況の中で、(一)日本が軍隊をシベリアに派遣する必要に迫られたこと、(二)ニコラエフスク(尼港)に当時居た日本人七百名全員が虐殺されるという大惨事が起きたこと、（三）日本は、混乱が落ち着いた地域からはただちに軍を引き揚げたこと、(四)ボルシェビキ軍によるシナ北部侵略を防ぐために日本が北京政府に対して行った支援が日本の陰謀の一つであるとの「疑惑」を持たれたため、かかる支援を打ち切ることとなったことなどを、十二版では次のように報告しています。

(一)第一次世界大戦中の一九一七年にボルシェビキが起こしたロシア共産主義革命を原因としてシベリアで孤立することとなったロシア軍チェコスロヴァキア人部隊[12]の撤退を支援するために、一九一八年に米国政府(ウィルソン〈woodrow Wilson〉政権)は日本政府に対して、シベリア東部への連合軍の派兵を提案した。日米英が協調してシベリアに派兵したことに力付けられた反ボルシェビキ勢力は一九一八年十一月にオムスクにおいて臨時政府を樹立し、同年末にはその覇権はウラル地方にまで及んだ。しかし、一九一九年五月に反ボルシェビキ勢力が赤軍に完敗しシベリアにおける覇権を失うと、米国政府は一九二〇年一月に突然、チェコスロヴァキア人部隊の撤退がほぼ完了したこと、および、シベリアの不安定な情勢に鑑みるとシベリアにおけるロシア人自治政府樹立に向けた如何なる

11　半田美穂著、「明治期における極東ロシアへの日本人移民にみる渡航過程」(「歴史地理学」二〇〇八年九月第二百四十一〈五〇―四〉号)、十七―十九頁。

12　第一次世界大戦の前からロシア帝国内に居住していたチェコ人およびスロヴァキア人は、開戦後、敵国であるド

軍事的支援も効果が無いということを理由として、米軍のすべてをシベリアから引き上げる決定[13]を日本に伝えた。シベリアにおける危機的状況は継続していたため、日本は増援部隊を派遣することを余儀なくされた。

(二) 一九二〇年三月に、サハリン地区の首都であるニコラエフスクに当時居留していた日本人民間人と駐留していた軍人合わせて七百人[14]全員が男女子供の別を問わず、沿岸地域を荒らしていたボルシェビキのゲリラによって惨殺されるという極めて凶悪な惨事が発生した。この事件を受けて日本政府は七月三日に、正式な政府が現地に樹立されるまで、ウラジオストックとハバロブスクを日本軍が占拠することを宣言した。日本政府はかかる状況に関する米国政府からの問い合わせに対して、ウラジオストックは朝鮮人革命家たち[15]による謀略の多産の孵化場となっており、日本人居留民の安全を保護する必要があり、ハバロブスクは戦略上ニコラエフスクと密接な関係を有しているからであると説明した。

(三) チェコスロヴァキア人部隊の撤退が終了した後、日本軍はトランス・バイカリアから撤退し、九月にハバロブスクの状況が落ち着いてくると、ただちにそこからも撤退した。

(四) シベリアの無政府状態に直面し、日本と北京政府は一九一八年三月に、シベリアからボルシェビキ軍が侵略してくることを二国間で協力して防ぐことを目的とした日支共同防敵軍事協定を締結した。北京政府は、共同軍事行動局を発足し、それを段祺瑞の指揮下に置き、兵力の維持のために二千万円、さらに武器弾薬の購入のために三千三百万円を日本から受領した。この取り決めは、ボルシェビキ軍の南下を防ぐためには有効であったものの、段祺瑞派の勢力を強めることとなり、大きな「疑惑」と「誤解」を招き日本の名誉を棄損したため、日本は一九一九年三月に資金と武器弾薬の供

イツ帝国およびオーストリア・ハンガリー帝国からスラブ民族の土地の独立を勝ち取ることを目的に、志願兵から成るチェコスロヴァキア人部隊を編制した。その後、オーストリア・ハンガリー軍内の多数のチェコ人およびスロヴァキア人がロシア側に投降し、このチェコスロヴァキア人部隊に参加した。ロシア共産主義革命後の一九一八年三月三日にドイツ、オーストリア・ハンガリーなどの中央同盟国とボルシェビキ政府との間で講和が結ばれたため、チェコスロヴァキア人部隊はロシア軍の部隊として中央同盟国を相手に戦うことができなくなり、シベリア鉄道でウラジオストックまで行き、そこから船で欧州に戻りフランスから西部戦線に参戦することとした。しかしウラジオストックに向けての移動中にボルシェビキ軍と交戦するようになり、一九一八年七月には白ロシア軍と共にシベリアの大半を制圧した。

13　ウィルソン政権はソヴィエト・ロシアへの強い不介入政策をとっており、日本のシベリア介入に対しても神経質になっていた。ウィルソン大統領とロシア共産主義革命との密接な関係については、左記Vの三、四および五を参照のこと。

14　第十二版では三百五十人となっていたが、一九二六年発行の第十三版で七百人に訂正された。

15ニコラエフスクでの惨状を目撃した米国人の証言によると、ニコラエフスクを襲撃した四千人を超えるボルシェビキのゲリラの中には、朝鮮人約一千人とシナ人約六百人が含まれていた（報知新聞　一九二〇年四月二十七日）。

給を止めることとした。同協定は一九二一年一月二十七日に正式に解消された。

Ⅲ　共産主義体制下において世界各地で行われた大虐殺およびGHQの日本占領時における共産主義者たちの影響力

一九三三年から一九四五年まで米国大統領を務めたフランクリン・デラノ・ルーズベルト（Franklin Delano Roosevelt〈以下「FDR」〉）が共産主義者の強力な支援者であり、FDR政権時に政府内で働いていた多数の共産主義者[16]が中心となって日本を日米開戦にまで追い詰めた事実は、米国内で出版されている多くの文献でも語られています。[17]しかし、ブリタニカ百科事典第十二版で記されているように、日本が共産主義者らによって甚大な被害を直接受けるようになったのは、一九一七年に勃発したロシア共産主義革命の直後からであり、後にVの七で記すとおり、日支戦争を含む大東亜戦争は、その延長線上に巧妙に仕組まれた対日戦争だったのです。

日本は当初より共産主義者らの脅威と懸命に戦い、一九三六年以降はドイツ、イタリア、ハンガリー、満洲国およびスペインとの間で防共協定を締結するなどして、共産主義勢力の拡大を阻んでいました。そして、日本の敗戦後、共産主義体制が世界中に広がることとなり、その結果、世界各地で人類史上未曽有の大殺戮が共産主義体制の下で実行されたのでした。

一九九一年にソヴィエト連邦が崩壊すると、旧ソ連の公文書館に保管されていた資料の一部が一時的に西洋諸国の研究者に開示され、世界中の共産主義政権下で行われた虐殺行為の大まかな状況を確認することが可能となりました。左に記した数字は、すでに知られていた資料とその時に開示された資料を基に推定された、共産主義政府が犯した無数の犯罪行為によって一九一七年から一九九一年までの間に殺害された民間人のおおそよの数です。[18]

ソヴィエト連邦：二千万人

16　第二次世界大戦中およびその前後に米国軍の情報部が傍受したソ連諜報活動の秘密通信の極一部の解読の結果が、一九九五年に米国国家安全保障局によって公開され、そこにはソ連の諜報活動に協力していた者として三百四十九人の米国市民などが特定されており、秘密通信のすべてが解読された場合、その数は大幅に増加すると考えられている（John Earl Haynes および Harvey Klehr 著、『Venona』〈Yale University Press, 2000〉、九頁）。これらの者による対日活動の具体例は、江崎道朗著、『コミンテルンとルーズヴェルトの時限爆弾』（展転社、二〇一二年）百七十八—二百二頁を参照のこと。

17　ＦＤＲ政権内の共産主義者とその協力者たちが中心となって日本を真珠湾攻撃にいたる迄周到に追い込んでいった過程は、Charles A. Beard 著『President Roosevelt and the Coming of the War,1941』、Hamilton Fish 著『Tragic Deception』、Charles C. Tansill　著『Back Door to War; The Roosevelt Foreign Policy,1933-1941』、Robert B. Stinnett　著『Day of Deceit』、Anthony Kubek 著『How The Far East Was Lost』、John Koster 著『Operation Snow: How a Soviet Mole in FDR's White House Triggered Pearl Harbor』の他、多くの書籍、文献で述べられている。

シナ：六千五百万人
ベトナム：百万人
北朝鮮：二百万人
カンボジア：二百万人
東欧：百万人
ラテンアメリカ：十五万人
アフリカ：百七十万人
アフガニスタン：百五十万人

しかし、ロシア共産主義革命以降、日本人が共産主義者などから受けることとなった甚大な被害を含め、共産主義者らによって世界中で実行された無制限の残虐行為について、日本の戦後教育はほとんど触れていません。その大きな原因は、ＦＤＲ政権下で米国政府自体に多くの共産主義者が深く潜入していたため、終戦直後から日本の学校教育の内容を指導監督していたＧＨＱ（連合国軍最高司令官総司令部）の対日占領政策にも共産主義者らの意図が強く反映されていたことにあります。[19]

その成り立ちから一般的には自由主義を重んじる国として知られている米国ですが、後にＶの一および二で述べるように一八七〇年代にはすでにカール・マルクス（Karl Marx）が社会・共産主義革命国際組織の本部をニューヨーク市内に開設しており、その後も、特に一九〇五年に失敗に終わったロシアでの革命の試み（所謂「ロシア第一革命」）以降、ロシアから多数の共産主義者が移民として米国に入国、帰化し、共産主義の思想を米国内で活発に広めていったのです。[20]そして、一九三五年から一九四五年まで米国共産党員として活動し、後に反共産主義に転向し、フォーダム大学で経済学の教授を務めたルイス・フランシス・ブデンズ（Louis Francis Budenz）によると、ＦＤＲが一九三三年にソ連を国家として承認したことを契機に、共産主義者たちの米国政府内への組織的かつ広範囲な潜入が始まり、ＦＤＲの二期目の大統領選挙戦が行われた一九三六年には、共産主義者たちはＦＤＲを直接支援することによって民主党の有力議員などと親しくなり、新聞社、ラジオ放送局、テレビ局、その他の各世論形成分野への大規模な潜入が容易に可能となったということです。その後、第二次世界大戦が始まると、米国は同盟国となったソ連を公に支援する立場となり、人的交流も含めて両国間の協力関係が親密化し、それに乗じてさらに多数の共産主義者が米国政府内に潜入したのでした。[21]

18　Stephane Courtois, Nicolas Werth, Jean-Louis Panne, Andrzej Paczkowski, Karel Bartosek　および　Jean-Louis Margolin 著、Jonathan Murphy および Mark Kramer 翻訳、『The Black Book of Communism』(Harvard University Press, 1999)、四頁。
19　田中英道著、『戦後日本を狂わせたＯＳＳ「日本計画」』（展転社、二〇一一年）、百二十二―百二十三頁など。
20　一九二〇年報告書、六百二十七頁。
21　Louis F. Budenz 著、『The Techniques of Communism』(Henry Regnery Company, 1954)、百六十二―百六十四頁。

一九二九年十月に起きた米国株式市場の大暴落に端を発した大恐慌も、景気対策としてFDRが唱えた「ニューディール政策」として知られる社会主義政策を通して、米国内の共産主義活動協力者を大幅に増加させる一因となりました。米国共産党の創設者の一人であり共産党幹部を長年務めたユダヤ系ロシア人二世のベンジャミン・ギトロー（Benjamin Gitlow）は自著の中で、一九三〇年代の米国共産党は、「FDR政権の国政に共産主義の帆を結びつけることによって人民戦線を米国の状況に適合させ」米国内で影響力を増し、「環境に適応できずにいる知識人の願望的思考や、満たされない若者に的を絞った福音を用意し、より豊かな生活へのあらゆる種類のイデオロギー上および組織的な近道を提供することによって、それらの者を誘惑した」と告白しています。

結果として、一九三〇年代に米国共産党は、国内の出版業界、書評家、ブロードウェイおよびハリウッドの俳優、脚本家、劇作家、作家、さらに大学教員、大学生、聖職者、教会組織、二大政党の政治クラブおよびその他の政党の活動、労働者組織などを支配または操作するようになり、「この社会の腐敗および知的汚染をもたらすソヴィエトの手法は、今日米国民の生活を危険な状況にまで蝕んでいる」とギトローは一九四〇年の段階で語っています。[22]

そして日本に目を向けると、日本の戦後教育の原則を定めた一九四七年に公布・施行された教育基本法は、GHQが実質的に組織した「教育刷新委員会」によって作成されたと言われていますが、その副委員長を務めた熱心なプロテスタントであった南原繁東大総長は、戦前から旧約聖書とマルクスの「資本論」を愛読書とし、内務省勤務時代には、一九一九年に日本最初の労働組合法を立案し、一九二〇年には、レーニンの「国家と革命」を翻訳させ部内資料として出版したという人物でした。[23]右記のような実状が示唆する、共産主義者らが終戦直後に有していた政府、メディア、教育界などにおける影響力に鑑みれば、共産主義者およびその協力者らによって実行された謀略と残虐行為の数々が、戦後日本の教育現場において無視され続けていることも容易に理解することができます。

Ⅳ　コミュニスト・マニフェストに符合する変革を遂げ続ける戦後日本社会と、変容しながら存続する共産主義体制

共産主義革命の思想的な基礎となった「コミュニスト・マニフェスト」[24]は、「共産主義者の目的は、社会の現状の全てを力ずくで覆すことによってのみ達成し得るのである」と述べ、その目的は、(i)初めに支配階級の地位を勝ち取り、(ii)独裁的に個人の財産権を侵害し段階的に中産階級の余剰資産の全てを奪い取り、(iii)生産活動に必要な資源を、支配階級として組織された無産者の手中に集約する、というようなものでした。さらに、共産主義革命は伝統的な財産権との最も過激な決裂をもたらすものであるから、その進行は当然、伝統的な考え方との最も過激な断絶を伴うこととなると述べ、(iv)家族

22　Benjamin Gitlow 著、『I Confess』（E.P. Dutton & Co., Inc.,1940）、三百三十六頁。

23　江崎道朗著、「やはりＧＨＱ主導だった教育基本法制定」（「月刊正論」二〇〇六年六月号）。

制度の廃止、(v)家庭教育の廃止および「社会」による教育制度の導入、(vi)宗教の廃絶、(vii)国家および国籍の廃止なども、実行されなければならない項目として記されています。すなわち、独裁者が力ずくで自分の下に富を集中させ、人民を絶対的に服従させるためには、その邪魔となる家族内の結束、社会の長年の経験に基づく価値観、地域社会の連帯などを破壊する必要があると述べているのです。

大東亜戦争によって社会の様態が力ずくで覆され、終戦直後から共産主義者らの影響下に置かれた日本の社会も、伝統との断絶、国家意識の喪失、家族制度および家庭教育の崩壊、各種税金やその他名目の負担金による個人の財産権の侵害とそれに伴う中産階級の縮小、そして、それに反比例する政府の際限無い肥大化などの現象が近年増々顕著となり、まさに「コミュニスト・マニフェスト」で明示された共産主義活動の指針に沿って社会変革が進行していると考える読者もおられるかと思います。しかし、そのような進行は日本に限られたものではなく、実際に、世界の共産主義体制の母体であったソヴィエト連邦が一九九一年十二月に崩壊した後も、共産主義体制は変容しながら今尚世界各地で生き続けていると捉えている人もいるのです。

ソ連時代に反体制運動家として十二年間投獄されていた、文学者としても著名なウラジミール・ブコフスキー（Vladimir Bukovsky）は二〇一〇年に、「欧州は、欧州連合[25]という怪物の出現に直面しており、欧州連合は多くの面で疑わしいほどにソ連に類似している」と述べ[26]、共産主義体制がその器を変えながら、圧倒的な影響力を保持し続けていると理解し、その実態について警鐘を鳴らしています。

ブコフスキーは、一九八〇年代後半から九〇年代の始めにかけて欧州統合に向けた計画が押し進められている最中に行われたソ連共産党書記長ミハイル・ゴルバチョフ（Mikhail Gorvachev）と他国の政治家たちとの秘密会議の議事録を読む機会を、ソ連崩壊後一時的に得ることができました。それらの議事録には、社会・共産主義制度を原因とする科学技術分野の進歩の遅れや経済活動の非効率性によってほぼ破綻していたソ連経済を救済するためには、西側諸国の科学技術を利用できるようになること

24　『コミュニスト・マニフェスト』は、無産者の秘密結社であった「共産主義者連合」（Communist League）（当初はドイツ国内のみであったが、その後国際組織となった）の綱領として書かれたものであった。一八四七年十一月にロンドンで開催された連合代表者会議（Congress of the League）において、マルクスとフリードリヒ（Friedrich Engels）エンゲルスが、結社の理論的および実用的活動計画を出版することを依頼され、一八四八年一月に原稿がロンドンの印刷工場に送られ、同年の六月前にはフランス語翻訳版がパリに送られた。英語版が一八五〇年に出版され、その後、デンマーク語やポーランド語による翻訳版が出版された。ロシア語版は一八六三年、ニューヨークでの英語版は一八七二年に出版された（一九二〇年報告書、四十七―四十八頁）。

25　欧州連合は約五万五千人の公務員を雇用し、二〇一五年の予算は約千五百五十億ユーロ（一ユーロ百三十四・三二円換算で約二十兆八千億円）である。（John Pinder および Simon Usherwood 著、『The European Union』〈Oxford University Press, 2013〉、七十九頁。外務省ホームページ〈http://www.mofa.go.jp/mofaj/area/eu/data.html〉。）

26　Vladimir Bukovsky 著、「The Power of Memory and Acknowledgment」（「Cato's Letter」Winter 2010, Volume 8, Number 1）、二頁。

が重要である旨が記されていました。それを可能とするためには西側諸国との連携を深める必要があり、ゴルバチョフは「欧州共通の家」(Common European Home)構想を表明し、同時に、社会主義が世界政治の形成に「効果的」に影響を与え、世界の環境に「好ましい」変化を起こさせることができるように、その形成に積極的かつ広範囲にわたり関与できるようになることを目指していたのです。[27]

一九八六年一月に行われたイタリア共産党書記長アレッサンドロ・ナッタ(Alessoandro Natta)とゴルバチョフの会談では、社会主義制度を導入すれば競争力を失い、競争力を育めば社会主義制度は成り立たなくなるため、社会主義に基づく改革を欧州の中の一国のみで行うことは(当該一国のみが相対的競争力を失うこととなるため)不可能であり、同様の改革が他の国々でも行われることの必要性が話し合われました。そして一方では、共産主義者と社会主義者に限らず宗教団体を含めた先進的勢力の全ての活動を、欧州全体の枠組みの中で提携させる必要性を認識しながら、他方では、共産主義者は共産主義者としてのアイデンティティを、それが変容しようとも失ってはならないとも語っているのです。ゴルバチョフは、他の勢力との「一時的な提携も可能であるが、ブルジョアの真の代替者は共産主義者である」と明言し、最終的には共産主義者が支配することを想定していたのです。[28]

なお、この二人の共産主義指導者は対談の中で、「福祉社会」がもたらした状況を擁護し過ぎてしまったことを反省しています。彼らは、かかる擁護の結果、自己の利益を追求する官僚組織の肥大化を許し財政を破綻させてしまい、民営化の必要性を高めてしまったと反省し、「パーキンソンの法則」が実際に作用して共産主義体制が衰弱したことを認めている点[29]は、非常に興味深い考察です。

そして一九九〇年十月二十五日にアルゼンチン大統領のカルロス・メネム（Carlos Menem）がゴルバチョフを訪問した際には、国連を活用した世界統合後の世界征服の考えが語られています。ゴルバチョフが「さらなる進展は欧州、ラテンアメリカ、そしてアジア太平洋地域における活動によって決まることとなる。『欧州共通の家』が建設された後は、他の多くの『協働の家』がそれに続かなければならない」と述べたことに対してメネムは、「統合には皆同意している。我々ラテンアメリカに居る者は、欧州と同じ線に沿って行動するつもりである。そして統合の後に、我々は全世界の征服に向けて努力を集中させることとなる」と答えています。ゴルバチョフはこれを受けて世界政府の創設の必要性に触れ、「我々は国連の役割を強化することを考えるべきである。…それが世界政府の一つのプロトタイプとなる」と語っています。[30] 確かに、世界各国に対する国連の権限を強化することによって国連を実質的な世界政府とし、その国連の運営を実質的に支配することで世界征服を実現できることになります。

27　Vladimir Bukovsky および Pavel Stroilov 著、『EUSSR: The Soviet roots of European integration』（Sovereignty Publications, 2004）、八十四―八十五頁。
28　同右、八―十一頁。
29　同右、十二頁。
30　同右、三十一―三十二頁。

このように、欧州統合に関して共産主義者たちは共産主義体制の維持拡大という独自の目的を有していたのですが、英国民は二〇一六年に、その欧州連合からの離脱を選択しました。戦後七十年間、「コミュニスト・マニフェスト」に記された指針に沿って着実に社会変革が進行しているように見える日本の国民が、TPP（環太平洋戦略的経済連携協定）などの、ゴルバチョフが言うところの「アジア太平洋地域における協働の家」創設の是非を検討する際に、英国民のかかる選択の背景から学べるものは決して少なくはないと思われます。

本外交史の中で当時の英米知識人が描く日本像と、今日の日本人が描く当時の日本像との乖離の大きな原因は、前述のとおり共産主義者たちの強い影響下にあったGHQの日本占領政策でありますが、次のVでは、共産主義者らが有していた影響力に関する考察の一助に資するため、一八七二年にマルクスが共産主義革命国際組織の本部を米国内に移設してから一九五一年にマッカーサーが連合国軍最高司令官の職を解かれるまでの期間における米国と共産主義との密接な関係を示すいくつかの具体的な史実を断片的に記すことといたします。それらの史実を簡単に振り返るだけでも、(i)移民（共産主義者）が受入国の政府、教育機関やメディアなど、社会の中枢に潜入し、受入国を巧妙に支配しながら自己の利益の追求に利用していたこと、(ii)大資本家らが肥大化した政府を他国に樹立させ、その国の富を当該政府の手中に集約させた後に、その政府との取引で莫大な富を吸い上げようと画策していたこと、(iii)公正であるべき赤十字や国際連盟などの国際的機関のメンバーがその器を利用して、共産主義者ら特定の者の利益のために活動していたこと、(iv)代理制民主主義制度に基づき選ばれた国民の代理人（政治家）が国民を欺き国民の財産を用いて、そして自国の多数の兵士の命を犠牲にして、本来敵対する他国（共産主義体制）の勢力拡大を支援していたこと、そして(v)敗戦国の国民に罪悪感を植え付けて戦後の支配をより容易とするためだけでなく、連合国軍の手による数々の残虐行為を隠蔽するために、連合国政府が日本やドイツの蛮行を捏造し、主要メディアやキリスト教教会などにその流布の協力を求めていたことなど、今日の日本と極めて関係の深い問題が浮彫になってくるのです。

V　共産主義体制拡大のために米国が果たした役割

一　マルクスは一八七〇年代に共産主義革命国際組織「第一インターナショナル」の本部をニューヨーク市内に移していた

十九世紀初頭にはすでに、米英仏独などで理想郷を求める社会主義思想が存在しており、実際に理想郷を目指した生活共同体が運営されていた事例も少なからず存在します。十八世紀中盤に英国で始まった産業革命がその後他国にも広がり、工場労働者が各国の工業都市部に集中するようになってはいましたが、当初の社会主義思想は工場労働者の間から発生したものではありませんでした。社会主義活動と無産労働者が結び付けられたのは十九世紀中頃であり、それはフェルディナント・ラサール（Ferdinand Lassalle）とカール・マルクスという二人のユダヤ系ドイツ人の協同作業によるものでした。ラサールは、巧みなプロパガンダを駆使し、無産労働者が社会・共産主義に興味を持つように仕向け、そして、マルクスは、フリードリヒ・エンゲルスの助けを借りて一八四八年に「コミュニスト・マニフェスト」（注24参照）を出版し、その中で無産労働者による共産主義活動の理論と実施計画を記したのでした。[31]

その後、欧州各地に存在する異なる革命組織の統一を目的として、正式な組織名を「The International Working Men's Association」とする所謂「第一インターナショナル」が、一八六四年九月二十八日にロンドンで設立され、第一インターナショナルには、英国からは労働組合員、ドイツからは社会主義者、フランスとラテン諸国からは無政府主義者、そして米国からは複数の労働者組織の代表者が参加しました。[32]しかし第一インターナショナルは内部の激しい意見対立（特にマルクスが唱える中央集権型社会主義と、ロシア人革命家のミハイル・バクーニン〈Mikhail Bakunin〉が唱える無政府主義との間の対立）によって分裂し、マルクスは組織がバクーニンによって支配されることを回避するために、一八七二年にその本部をニューヨーク市に移したのでした。第一インターナショナルは、一八七六年七月のフィラデルフィア会議において正式に解散されましたが、その直後にマルクス主義者ら（大多数は外国からの移民）によって、米国共産党の前身である米国社会労働党（一八七七年に党名をSocialist Labor Party of Americaとする）が結党されています。[33]このように、米国とマルクス主義との密接な関係は外国人移民によって遅くとも一八七二年には築かれていたのです。

マルクスたちは第一インターナショナルで明らかとなった問題点を克服するために、無産労働者を統一に向けて教育し、教育と訓練を受けた指導者達によって構成される秘密部隊が、無産労働者を革命運動に向かわせるために動員されました。そしてマルクスが歿してから六年後の一八八九年に「第二インターナショナル」が組織されました。この時には、各国の社会主義組織はマルクス主義に基づき無産労働者との関係を基礎として組織されており、その観点で統一性を有していました[34]。

この頃になると、日本の社会主義者たちも世界の社会・共産主義組織と協力し、日本の現行制度および日本人の愛国心を破壊することを使命と捉えるようになっていました。日露戦争の最中であった

31　一九二〇年報告書、四十一―四十二頁。

32　同右、四十二―四十三頁。

33　Encyclopedia Britannica Ultimate Reference Suite（Encyclopedia Britannica, 2015）、「International, First」。James Oneal および G. A. Werner, Ph.D 著、『American Communism: A Critical Analysis of its Origins, Development and Programs』（E. P. Dutton & Co., Inc., 1947）、十九頁。

34　一九二〇年報告書、五十―五十四頁。一八八九年にパリで開催された第二インターナショナル代表者会議には、二十ヶ国を代表する四百名が参加した。その後組織の国際化が進み、一八九一年にはブリュッセル、一八九三年にはチューリッヒ、一八九六年にはロンドン、一九〇〇年にはパリで国際会議が開かれた。一九〇四年のアムステルダムにおける会議には四百五十人の代表者が各国から参加し、日露戦争の最中であった日露の代表者が握手を交わし喝采を浴びた。一九〇七年のシュトゥットガルトでの会議には三十ヶ国を代表する一千人が参加し、その後、一九一〇年にコペンハーゲン、一九一二年にはバーゼルで大会が開催された。

一九〇四年三月二十日付で、日本の社会主義者らは、ロシアの同志に向けて次の内容の手紙を送っています。

「我々の政府は、帝国主義的な野望を満たすために我々を戦争の中に投げ込みました。しかし、社会主義者にとっては、人種、領地、国籍は存在しません。我々は同志であり兄弟姉妹であり、互いに争う理由は何もないのです。我々の敵はロシアの人々ではなく、我々の支配階級の武断政策であり愛国心なのです。愛国心と武断政策は我々の共通の敵であり、世界中の社会主義者たちの敵であります。これらに対して恐れることなく勇敢に戦うことが、社会主義者の最も優先順位の高い義務なのです。[35]」

しかし、第一次世界大戦が勃発すると、各国の社会主義組織の多くが内部で自国の戦争参加の是非をめぐって対立したため、第二インターナショナルは一九一四年に崩壊することとなりました。[36]

そして、第一次大戦の最中である一九一七年十月にロシアで起きた共産主義革命（ボルシェビキ革命）によって、階級闘争の実行および無産労働者の代表者による独裁政権の樹立を唱えるロシア社会民主労働党（ボルシェビキ）が、有産階級との協力に基づく社会主義政権（所謂「二月革命」によってその数ヶ月前に樹立されたケレンスキー〈Kerensky〉政権）を排除し、同年十一月に労働者評議会（ソヴィエト）に基づく政権を樹立すると、無産労働者の代表者による独裁政権の誕生を宣言しました。そして一九一九年に、世界中で革命を起こさんとする階級闘争を実行するための「第三インターナショナル」が発足したのです。[37]

第三インターナショナルは一九四三年にヨシフ・スターリン（Joseph Stalin）が解散させるまで、世界中で様々な陰謀および策略を巡らし、後述のとおりシナをして日支戦争を起こさせ且つ拡大させ、[38]そして日本を日米開戦へと追い遣ったのでした。[39]

二　ロシア共産主義革命は米国内で計画され、米国共産党は外国人移民によって結成された

特に、一九〇五年のロシア第一革命の失敗以降、ロシアの社会主義革命派と社会民主労働党のメン

35　同右、二百十三頁。
36　ブリタニカ百科事典一九二二年版（第十二版）、「Communism」。
37　同右。
38　Vの七を参照のこと。
39　注16および17を参照のこと。一九二〇年から一九四五年まで米国連邦下院議員を務め、父親の代からセオドア・ルーズベルトとは家族ぐるみの交流があり、FDRとも日米開戦まで二十年以上の友人関係にあったハミルトン・フィッシュ（Hamilton Fish）は、日米開戦にいたるまで米国連邦議会に対して隠されていた日米開戦前の日米外交交渉記録を開戦後に読み、天皇と近衛首相が平和を維持するために信じ難いほどの譲歩をするつもりでいたこと、近衛首相は

バーの多くが米国に移住しました。その後、前出の外国から来たマルクス主義者たちが結成した米国社会労働党から派生したアメリカ社会党（Socialist Party of America）が中核となり、ロシア帝政を崩壊させること、およびインターナショナル革命を推進する米国労働者を募るためのプロパガンダを実行することを目的とした革命組織の多くが、ロシアからの移民が多数移住した米国内の地域で次々と結成されたのです。[40]

一九一七年十月にロシアのケレンスキー政権を崩壊させたボルシェビキ革命の計画のすべては、アメリカ社会党の構成組織であるロシア社会主義者同盟（Russian Socialist Federation）の革命委員会が米国内において協議し完成させたものでした。ボルシェビキ革命主導者の一人であるレオン・トロツキー（Leon Trotsky）もその当時ニューヨークに住んでおり、トロツキーはボルシェビキ革命を完結させるために一九一七年三月二十六日に米国からロシアに向いましたが、その直前にニューヨーク市内で、「ロシアに戻る者たちは、革命をさらに押し進めていく。そして、米国に残る者たちは、米国で革命を起こすために、革命運動に互いに協力して励まなければならない」というスピーチを約千人の支援者の前でしています。[41]つまり、移民から成る共産主義者たちは、ロシアだけでなく、彼らを受け入れてくれた米国までも、革命によって破壊しようと企てていたのです。

無産労働者による革命の大義は、米国内の社会主義者および無政府主義者によってただちに心棒され、ボルシェビキ革命勃発後にロシアから戻った多くの米国人ジャーナリストや執筆家らは、革命家たちによるプロパガンダを援護しました。さらに、米国赤十字ロシア使節団の団員たち[42]が公に述べるトロツキーやレーニンに対する賛辞も、米国民の理解を混乱させることとなりました。そのようにソヴィエト・ロシアに敬意を表する好意的な意見が、米国内で広範囲にわたり宣伝されたため、ソヴィエト・ロシアに対して米国民が有する第一印象が好意的なものとなり、後にそれを覆すことが困難と

戦争を回避する為に繰り返しＦＤＲに会談を申し入れたが、日本と戦争をする決意を固めていたＦＤＲはその全てを拒絶したこと、さらに日本は米国との戦争を回避するために、およそ何でもする覚悟があったことを知った、と自著の中で記している。そして、ソ連のエージェントであったことが今では判明しているハリー・デクスター・ホワイト（Harry Dexter White）、ロシュリン・クリー（Lauchlin Currie）、オーウェン・ラティモア（Owen Lattimore）などが画策して、所謂「ハル・ノート」の原案から、停戦条項など日本との更なる交渉を可能とし蔣介石軍にとっても共産軍掃討のために極めて有利となったはずであった文言を削除させ、削除後の内容が実質上最後通牒となることを確実とした修正文を日本に突き付けることによって、「戦争へと日本を追いやったＦＤＲの責任は歴史上の事実である」とも述べている。（Hamilton Fish 著、『Tragic Deception』(Devin-Adair,1983)、十三―二十一頁。）

40　一九二〇年報告書、六百二十七頁。

41　同右、六百二十七―六百二十八頁。一九一九年一月二十二日付ニューヨーク・タイムズ、「Berkman Sponsor for Trotzky Here」。

42　左記Ｖの五を参照のこと。後述のとおり、一九一七年八月にペトログラードに到着したこの米国赤十字ロシア使節団は、実質的に銀行家や投資家たちに支配されていた。

なったのです。結果として、革命家たちは非難を受けることなくプロパガンダを米国内でさらに広めることが可能となりました。米国民はソヴィエト・ロシアの状況を知るために情報を求め、その求めに応じて革命家やその協力者であるジャーナリストたちが都合の良い情報を提供することによって、プロパガンダが容易にその影響を及ぼすことができたのでした。[43]

注41で参照する一九一九年一月二十二日付のニューヨーク・タイムズの記事によると、当時ニューヨーク市のみで一万二千から一万五千人の活動的なアナーキストがおり、彼らのシンパを合わせるとその数は五万人を超えると推測されています。一九一八年二月以降、米国からは、ロシアにいるトロツキーやレーニンらに対して、ボルシェビキ革命に協力するためにインターナショナル革命戦闘部隊を米国内で編成しロシアに派兵する用意がある、という内容の電報が多数送られています。それらには、例えば「貴殿は我々の全幅の信頼と支持を得ています。インターナショナル革命部隊を編成して米国から貴殿のために派兵する準備ができています」という内容や、「全米革命家たちは、この危機に面して、ロシア革命家たちに対し共感と命を捧げます。侵略者に対する貴殿らの戦いにおいて、我々は最後まで貴殿らと共にいます。そちらに戻り戦うつもりです。そして、何千人もの米国人社会主義者たちも同様に行動するでしょう」という申入れが書かれていました。[44]

米国内の共産主義革命活動家たちは、ロシアに居る同志と常に連絡を取り合っており、プロパガンダ用の資料が米国内に流入し続けていました。一九一九年一月、米国民の世論がプロパガンダによって充分に混乱していると判断したソヴィエト政府は、米国にソヴィエト・ロシアを国家として承認させソヴィエト・ロシアとの交易を再開させること、および世界革命を実現させるためのプロパガンダを指揮することを目的とした事務局を米国内に設置することとし、同年四月に非公式なソヴィエト・ロシア大使館をニューヨーク市内に開設しました。[45]

そして同年九月、すでに米国内で活発に活動していた共産主義者のうち、主に英語以外を話す者たちによってアメリア共産党（The Communist Party of America）が結成され、主に英語を話す者たちによってアメリカ共産労働党（The Communist Labor Party of America）が結成されたのです。[46]

第三インターナショナルの執行委員長であるグリゴリー・ジノヴィエフ（Grigorii Zinoviev）は、米国内の同志たちに、「米国の共産主義者たちにとって最も重要な作業の一つは、大規模な政治的な日刊紙を立ち上げることであり、これは研修を目的とした理論に関するプロパガンダを行うためでなく、すべての公の出来事について、共産主義者の見地からの情報を供給するためのものである。執行委員会は米国の同志に対して、一般大衆に混じり革命プロパガンダ活動を行うこと、そして合法的な党の組織が強引に弾圧された場合にその作業を引き続き行うことを目的とする地下組織をただちに設立す

43　一九二〇年報告書、六百二十九―六百三十頁。
44　同右、六百三十五―六百三十六頁。
45　同右、六百三十八頁。
46　同右、六百四十八頁。

ることを要求する。このことを知る者はできるだけ少数の方がよい」という指示を出しています。[47]

このようにして、一九一九年の時点で、米国内で着実に共産主義者たちの活発なプロパガンダ活動の準備が整っていったのでした。

三　ロシア共産主義革命は、ロシア以外の国から提供された資金を手にした極少数の外国人（主に米国から来た者たち）が主体となって起こしたものであった

右の二でボルシェビキ革命家と米国内の共産主義者たちとの密接な関係を記しましたが、その密接な関係は、ボルシェビキ革命が進行している最中にすでに様々な形で英米国内に報告されていました。その中には、米国政府自体がボルシェビキ革命に深く関与していたことを強く示唆する内容も含まれています。

IIの二（一）でブリタニカ百科事典第十二版が言及している米軍シベリア出兵に同行していた、陸軍省チーフ・インテリジェンス・オフィサーのモンゴメリー・スカイラー（Montgomery Schuyler）大尉は、シベリア西部のオムスクに滞在していた一九一九年三月一日に、次の内容を含む三頁からなる極秘報告書[48]を、ウラジオストックのバロース（Barrows）大佐に送っています。

「これは私が見る五回目の革命となりますので……正直目新しさは特にありません。……このようなことを米国内で大声で発言することは恐らく賢明ではないでしょうが、ボルシェビキ活動は当初から最も狡猾な類のユダヤ系ロシア人たちによって先導され支配されています。彼らは米国に来て、我々が意味する真の自由とは何かを全く理解することなしに、米国で我々の文明の最悪の面のすべてを吸収してしまったのです。……シベリアの人口に対するボルシェビキの正確な割合に関する様々な推測を耳にしましたが、私はイワノフ・リノフ（Ivanov-Rinov）将軍が推測する二パーセントというのが最も正確だと考えます。……不幸なことに、米国内では、特に声の大きい数名の者が、米国人はボルシェビキに対して、米国内の真正な政党に対する場合と同様に耳を傾けるべきであると考えているようです。ロシア人には、これが全く理解できないのです。……我々が遂行した役割のすべては記録されているため、本件は、歴史の審判が下される時に、米国に甚大な問題をもたらすことになるであろうと私は強く感じています。ボルシェビズムを今のように拡大させてしまったことの大部分は我々の責任であり、それに関心を持ったことのある人類のすべての時代によって今まで拒絶されてきたその主義による、独裁的で横暴な支配を確立させるための、流血惨事を伴う狂乱的儀式の中で無意味にそして残酷に生贄とされた何万人もの命に対して、我々が無罪の判決を受けるとは思えません。」

47　同右、六百四十九頁。

48　383.9 Military Intelligence Report, Schuyler.

そして、スカイラーがその三ヶ月後にウラジオストックから送った同年六月九日付の報告書には、次のように書かれています。

「ロシアのロンドン・タイムズ特派員であるロバート・ウィルトン（Robert Wilton）が一九一八年四月に作成した表によると、三百八十四人の人民委員の内訳は、黒人二名、ロシア人十三名、シナ人十五名、アルメニア人二十二名、そしてユダヤ人が三百名以上です。この最後の数字のうちの二百六十四名は、帝政ロシアが崩壊した後に米国から来た者たちです。」

すなわち右二通の報告書は、(i)ボルシェビキ革命の指導者たちは米国から来た者たちであり、ソヴィエト政府人民委員の大多数は、二月革命の後に米国から来た者たちが占めていたこと、(ii)ボルシェビキはロシアの人口の二パーセント程度しか占めておらず、ロシア人を代表するような者たちでないこと、(iii)米国内の有力者の中に、ボルシェビキを承認するべきであると主張する者が複数いること、そして(iv)ボルシェビキを拡大させた責任の大部分は米国にあり、その証拠はすべて記録されており、米国はその罪を負っていること、を記しているのです。ボルシェビキ革命の成功に向けて米国政府とその関係者らが果たした具体的な役割（例えば、ボルシェビキ軍への兵器供給および訓練の提供など）や米軍シベリア出兵の真の目的を知るためには、スカイラーが言及している、ボルシェビキ革命に関して米国が「遂行した役割の記録」を探し出し研究する必要があります。[49]

そして、ボルシェビキの中核を成している者の大多数が、米国から来た者たちであるという報告は、米英両国の議会においてもされています。

一九一九年二月十二日に行われた米国連邦上院司法委員会の小委員会による聴聞会では、一九一八年十月六日までペトログラードにおいてキリスト教教会の教会長を十一年務めたジョージ・A・シモンズ（George A. Simons）尊師が、次の情報を報告しています。

Apfelbaumとして知られている男が統轄している、ソヴィエト体制下に置かれているペトログラードの所謂北部コミュニティーの、一九一八年十二月時点の状況は、メンバー三百八十八人のうち、十六人が真のロシア人で、残りのすべてはユダヤ人であり、ただ一名例外の可能性として、ゴードン教授と名乗る米国から来た黒人がいる、というものである。この北部コミュニティー政

49　一九五五年十一月二日付のニューヨーク・タイムズに掲載されたスカイラーの死亡記事によると、スカイラーは、一九〇二年に米国の外交官としてロシアで勤務を開始し、第一次世界大戦中は参謀部の情報局員を務め、一九一八年にチーフ・インテリジェンス・オフィサーとして米国シベリア遠征軍に参加していた。外交官を退官した後は、証券会社の共同経営者、ルーズベルト&スカイラー・リミテッド（Roosevelt & Schuyler, Ltd.）の社長、および、マニュファクチャラーズ・トラスト・カンパニー（Manufacturers Trust Company）などの複数の銀行の取締役の職に就いている。これらの報告書の機密扱いが解かれたのは、彼の死亡の三年後の一九五八年であった。

府のメンバーのうち二百六十五人は、マンハッタンの東南地区から来た者たちである。[50]

一九一九年四月に英国議会に提出された報告書には、同年一月二十三日付でウラジオストックから英国戦時内閣の一人であったジョージ・カーゾン（George Curzon）伯爵に対して次の報告がされていることが記されています。

「次の報告は、ペルミ市およびその近隣地域のボルシェビキに関するものです。……オムスク政府も同様の情報を有しております。……ボルシェビズムはもはや極端な共産主義的な考えを有する政治団体であると表現することはできません。彼らは比較的小さな特権階級を構成しており、武器と食糧供給の両方を独占しているため、残りの市民を脅迫によって支配することが可能となっています。この特権階級は主に労働者と兵士から成っており、レット人、エストニア人、そしてユダヤ人などの、ロシア人以外の者を多数含んでいます。ユダヤ人は特に、上層部に多数見られます。この特権階級に属する者は完全なる行動の自由が与えられており、他の者たちに対して犯罪行為を犯しています。[51]」

そして一九一六年四月から一九一八年十一月まで駐露米国大使を務めた後帰国したデービッド・R・フランシス（David R. Francis）は、一九一九年三月八日に米国連邦上院ボルシェビキ活動調査委員会の前で、レーニンは当初からドイツのエージェントであり、革命資金をドイツ側から受け取っていると思われ、ボルシェビキは、ロシア人の一割も代表しておらず、人間の生活そのものを破壊する必要があると考えており、ボルシェビキ以外の者から武器を取上げ抵抗できないようにし、祭服を着ている者と教育を受けた者でボルシェビストでない者を全員殺害しており、社会形成の基盤である家族形態を破壊し、人々を恐怖に陥れて支配している、という旨の証言をしています。[53]

ロシア国内でボルシェビキたちが日常的に犯していた無制限の虐殺行為については、一九一八年に

50 『U.S. Senate, Bolshevik Propaganda, Hearings before a Subcommittee of the Committee on the Judiciary, 65th Congress』(Government Printing Office,1919)、百十四―百十五頁。

51 『A Collection of Reports on Bolshevism in Russia, Presented to Parliament by Command of His Majesty, April 1919』(His Majesty Stationery Office, 1919)、二十八頁。

52 しかし、注55で言及するトンプソンは、一九一七年末に英国首相のロイド・ジョージ(Lloyd George)に対して、トロツキーもレーニンもドイツから資金提供を受けていないと説明している。(Antony C. Sutton 著、『Wall Street and the Bolshevik Revolution』(Buccaneer Books, Inc.,1974)、九十三―九十四頁(British War Cabinet papers, no. 302, sec.2 (Public Records Office, London) を参照)。)

53 『Bolshevists Rule In Russia, Testimony given before a Sub-Committee of the Senate, Washington, by Mr. David R. Francis, United States Ambassador to Russia from April, 1916 to Nov., 1918』(Department of Public Information, Ottawa, 1919)。

すでに多数の報告が、モスクワやペトログラードに駐在していた米国外交官などから米国務省になされており[54]、このように惨たらしいボルシェビキ革命の実態と、それらの行為がロシア国外から資金提供を受けた主に米国から来た共産主義者たちによって行われていたことは、早い段階で米国政府によって認識されていたのです。しかし、次の四で示すとおり、当時の米国大統領であったウィルソンは敢えてボルシェビキ革命を支援し続けたのでした。

四　ウィルソン大統領自身ボルシェビストと呼ばれ、ボルシェビキ革命を積極的に支援した

ウォールストリート・ジャーナルの発行元であるダウ・ジョーンズのオーナーであり著名な金融ジャーナリストでもあったクラランス・W・バロン（Clarence W. Barron）は、当時世界最大級の石油会社（Pan American Petroleum and Transport Company）の創業者兼オーナーであったエドワード・L・ドヒニー（Edward L. Doheny）が一九一九年二月一日に米国内のボルシェビストについて語った内容を次のように記録しています。

「米国の大学教授の過半数は社会主義とボルシェビズムを教えている。……ハーバード大学のエリオット（Eliot）総長もボルシェビズムを教えている。米国における最悪のボルシェビストは、ウィルソン大統領もその一人であるが、大学の教授だけでなく、資本家とその奥方たちであり、それらの誰も、自分自身が何を言っているのかよく理解していないようである。ウィリアム・ボイス・

トンプソン（William Boyce Thompson）[55]もボルシェビズムを教えており、いつかＪ・Ｐ・モルガン&カンパニーのトーマス・ラモント（Thomas Lamont）[56]の転向に成功するだろう。……チャールズ・Ｒ・クレーン（Charles R. Crane）[57]もボルシェビストだ。[58]」

右で言及されている人物は皆、米国内で非常に大きな影響力を有する学者、政治家または資本家で

54　『Foreign Relations of the United States』（以下「FRUS」）, Russia,1918 Vol. I、六百八十一―七百二十一頁。

55　モルガンの支配下にあったチェース・ナショナル・バンクの大株主であり、一九一四年にニューヨーク連邦準備銀行の最初の常任ディレクターとなった。

56　Ｊ・Ｐ・モルガン&カンパニーの共同経営者。

57　クレーン・カンパニーの副社長でウィルソン大統領の支持者。民主党の財務委員会元委員長。ロシアでウェスティングハウス・カンパニーを立ち上げる。一九一七年四月にウィルソン大統領が任命したルート・ミッション（注65）のメンバー。一九二〇年から二一年まで駐支米国公使を務める。元駐独米国大使のウィリアム・ドッド（William Dodd）は、クレーンが「共産主義に道を譲ったケレンスキー革命を起こすことに大きく貢献した」と述べている。（Sutton、Wall Street and the Bolshevik Revolution、二十六頁〈William Dodd 著、『Ambassador Dodd's Diary, 1933-1938』(Hartcourt, Brace, 1941)、四十二―四十三頁を参照〉。）

58　Arthur Pound および Samuel Taylor Moore 著、『They Told Barron』(Harper & Brothers, 1930)、十三―十四頁。

す。果たして、ウィルソン大統領を含め、彼らは本当にボルシェビストだったのでしょうか。少なくとも彼らの多くが共産主義革命の強力な支援者であったことは、この四および次の五に記した事実が示しています。

右の二で述べたとおり、レーニンと共にボルシェビキ革命を指揮したトロツキーは、米国滞在中にボルシェキビ革命の計画を完成させ、ロシアでボルシェビキ革命を遂行することをニューヨークで公言した後、その実行の七ヶ月前である一九一七年三月二十六日に、米国をロシアに向けて発ちました。この時、ロシアでは二月革命（帝政が倒され、ケレンスキーらが社会主義政権を樹立）が勃発した直後で、極めて不安定な状態にあり、米国務省は米国から革命過激派がロシアに入国し事態を悪化させないようロシア渡航のパスポート発給には細心の注意を払っていました。[59]

それにも拘わらず、なぜ著名な革命過激派であるトロッキーとその一味は無事にロシアに入国することができたのでしょうか。米司法長官特別補佐官であったジェニングス・C・ワイズ（Jennings C. Wise）[60]はその著書『Woodrow Wilson: Disciple of Revolution』の中で、「英国の警察の努力[61]に反して、米国パスポートを利用してレオン・トロツキーがロシアに入国できるようにしたのはウッドロー・ウィルソンであったことを、歴史家は決して忘れてはならない」と記しています。[62]

ウィルソン大統領が手を回したとされる米国パスポートを携えたトロッキーがこの渡航に利用したS.S. Kristianiafjord 号には、仲間の革命家たち、ウォール街金融業者、そしてその他の共産主義者らも乗船していました。この時の様子を、同行した米国人ジャーナリストで共産主義者のリンカーン・

ステファンズ（Lincoln Steffens）[63]は次のように記しています。

「乗船客名簿は長く、謎めいていた。トロッキーは、革命家たちの集団と共に普通船客室にいた。

59　Sutton、Wall Street and the Bolshevik Revolution、二十五頁（U.S. State Dept. Decimal File〈以下「Decimal File」〉, 316-85-1002を参照）。

60　米司法長官特別補佐官（一九三〇―三八年）を務めた弁護士で、第一次大戦中は米国陸軍中佐。ヴァージニア・ミリタリー・インスティテュートで、経済政治法律学の教授も務めた（一九一二―一九一五年）。

61　この時ロシアは英国と共にドイツなど中央同盟国を相手に第一次世界大戦を戦っている最中であり、英国にとってロシアが戦闘能力を維持することは極めて重要であった。尚、米国はこの直後の一九一七年四月六日にドイツに対して宣戦布告をした。

62　Jennings C. Wise 著、『Woodrow Wilson Disciple of Revolution』(Paisley Press, 1938)、六百四十七頁。

63　ステファンズは、当時ジャーナリストであったウィリアム・C・ブリット（William C. Bullitt）がウィルソン大統領の私的使節として秘密裡にソヴィエト・ロシアを一九一九年三月に訪問しレーニンらと協議した際（所謂「ブリット・ミッション」）に、ブリットに同行している（Dewitt C. Poole 著、Lorraine M. Lees および Williams S. Rodner 監修、『An American Diplomat in Bolshevik Russia』（The University of Wisconsin Press, 2014）、二六一頁）。なお、ブリットは、ＦＤＲ政権時に、初代駐ソ連米国大使に任命されている。

私の客室には、日本人革命家が一人いた。ジャワ島から家路を急ぐオランダ人が多数乗船しており、乗船客中彼らが唯一まともな人間であった。残りは、戦時使節であり、二人はウォール街からドイツに向かっていた、そしてスパイと戦争ビジネスマン……[64]」

ステファンズは、前出のエドワード・L・ドヒニーによってボルシェビキの一人として名指しされているチャールズ・R・クレーンの招待を受けて、クレーンと共にここに乗船していたのでした。クレーンはウィルソン大統領と親しい関係にあり、この直後にルート・ミッション[65]のメンバーの一人に任命されています。そしてステファンズはS.S. Kristianiafjord号での会話を、次のように記録しています。

「全員、革命は未だその第一段階であり、さらに発展しなければならないという意見である。乗船していたロシアの過激派たちとクレーンは、我々は再革命のためにペトログラードに行くことになるであろうと考えている。[66]」

ボルシェビキ革命の実行時期について、米国政府は少なくとも実行の六週間前には知っていたことを米国務省のファイルは示しており、英国政府も実行日の六週間前にはロシア内の英国人居留民に対して出国を促していました。そしてボルシェビキ革命が一九一七年十月末に勃発すると、前出のフランシス駐露米国大使が、連合国による対応策の協議を提案し、英国は会議開催に賛同していましたが、翌月の十一月二十八日という早い段階でウィルソン大統領は、ボルシェビキ革命への不介入の命令を出しています。なお、その頃にはすでに、ボルシェビキのほとんどが米国から来た者たちであるという噂が各地で広がっていました。[67]

そして一九一八年一月八日にウィルソン大統領は米国連邦議会に対して、所謂「十四箇条の平和原則」の一項目として、ロシアが「ロシア自身の政治的発展と国家政策を独自に決めることができる、何の制約も邪魔も存在しない状況」を手にするための協力を、ロシアが世界各国から得られるように、ロシアの全領域から米軍を撤兵させ、ロシアに影響を及ぼす全ての問題をその方向で解決するつもりである旨を表明しました。その翌月の十六日にはロバート・ランシング（Robert Lansing）米国務長官が駐米フランス大使と駐米イタリア大使に、現在ロシアを支配している如何なる者に対しても敵対的

64　Lincoln Steffens 著、『The Autobiography of Lincoln Steffens』（Heyday Books）、七百四十四頁。
65　二月革命によってロシア帝政が崩壊したため、ロシアがその後第一次世界大戦に参戦し続けることが可能か否かをロシアに出向き確認するために、米国が第一次世界大戦に参戦した一九一七年四月にウィルソン大統領が任命した調査団。同調査団は一九一七年六月にペトログラードに到着した。
66　Sutton、Wall Street and the Bolshevik Revolution、二十六頁（Lincoln Steffens 著、『The Letters of Lincoln Steffens』(Harcourt, Brace, 1941)、三百九十六頁を参照）。
67　同右、四十四―四十五頁（Decimal File, section 861.00 を参照）。

な行為をとるべきではないと忠告しています。[68]
しかし、既述のとおり、ウィルソン大統領も認識していたはずであるボルシェビキ革命の実態はそのようなものではなく、ロシアの政治的発展の道筋と国家政策は、外国から提供された資金を手にした極少数の米国から来た外国人が主体となって暴力によって決めていたのであり、それら外国人の主導者が革命実行のためにロシアに入国できるよう米国パスポートを手配したのは、ウィルソン大統領自身だったのでした。
ボルシェビキ革命の対応については、ウィルソン大統領と他の連合国との間で、一九一八年当初から対立していました。英国は、ドイツなど中央同盟国とソヴィエト・ロシアとの講和[69]によって消滅した東部戦線からドイツ軍が西部戦線に合流することを遅らせるために、日本がシベリア東部に介入すべきであると主張しました。そうすることによって、ロシア国内の愛国者たちを力付けることもできると英国は主張したのです。ウィルソン大統領はそれに強く反対しましたが、連合国からの圧力によって一九一八年夏に大きく譲歩し、米国軍をロシア北部のムルマンスクに送ること、そしてさらに、右Ⅱの二(一)で記されているとおり、チェコスロヴァキア人部隊の撤退を支援するという名目で、七千人の部隊をウラジオストックに送ることに同意しました。しかし、この両方とも、その主な目的はドイツ軍の西部戦線集結を妨げることにあったのではなく、ロシア北部における英国の影響力およびシベリア東部における日本の影響力を弱めることにあったのでした。[70]そして反ボルシェビキ勢力がロシア内でほぼ消滅したことを確認したタイミングで、ウィルソン大統領はロシアから米国軍の撤兵を行ったのです。

次の五で言及する、ボルシェビキに協力的なウォール街の資本家たちが非公式な外交官として発していた報告とは対照的に、正式な外交官からの報告はボルシェビキを強く非難していました。特にウィルソン大統領が一九一八年の年頭にボルシェビキに対する支持を表明してからのワシントンに向けられた多くのメッセージは、「人々は、ボルシェビキ一団の略奪、殺人および無秩序に照らして、なぜ大統領はボルシェビキへの支援を表明しているのか尋ねている」という、一九一八年三月十五日にスイス・ベルンの米国公使館から送られた電信に代表されるような内容のものでした[71]。

ウィルソン大統領は、一九一九年一月に開会された、第一次大戦の戦後処理を決めるために各国代表が集まったパリ講和会議の場においても、ボルジェビキ革命に介入することに強く反対しました。ウィルソン大統領は、その理由を概ね次のように述べています。

68　同右、四六頁（Decimal File, section 861.00/117a を参照）。
69　注12を参照のこと。
70　Robert M. Saunders 著、『In Search of Woodrow Wilson: Beliefs and Behavior』（Greenwood Press, 1998）、百十三―百十四頁。
71　Sutton、Wall Street and the Bolshevik Revolution、百三―百四頁（Decimal File, 861.00/1305, March 15, 1918 を参照）。

ボルシェビズムには人々の共感を得る隠れた力を有している。経済および政治の両面で世界に対して影響力を振う巨大な既得権に対して、世界中の人々が強い嫌悪を抱いており、世界全体がその解決の遅れに苛立っている。個人に成功の機会を与える制度を提供するように見えるボルシェビズムに対して共感を抱く者が米国に存在している。資本力が個人および政府を支配することとなることに対する規制に関しては相当の進歩が見られるものの、いまだに労働者と資本家の関係は友好的なものではない。労働者と資本家が何らかの形で手を結ばなければ、社会は崩壊してしまうであろう。これらの真正な不満の存在によって、ボルシェビズムは活力を得たのである。もしそのような土壌がすでに存在していなければ、ボルシェビズムは無視できる存在となったはずである。もし我々が、ロシアが自由な環境の中で自国の進むべき道を探る努力を妨げる行為を行えば、それは時代の趨勢に逆らうこととなるのである。[72]

そしてウィルソン大統領は、右の考えに基づく共同声明の案文を作成し、同月二十二日に、日米英仏伊の代表者によってその発表が採択されました。その声明には、これらの国が「ロシア人がロシア人自身の情勢を、外部からの如何なる形態の指図または指導も受けること無しに指揮する絶対的な権利を認める」こと、および「この革命を無条件で認め、反革命活動の如何なる試みに対しても、その状況および手段の如何にかかわらず、支援または助勢を行わない」ことが宣言されています。[73]

しかし、すでに明らかにしているとおり、ボルシェビキ革命の実態は、極少数の外国人が外国から資金を受けて暴力によってロシアを支配しようとしていたものであり、その事実をウィルソン大統領も認識していたのですから、これらの実態を知る現地の外交官にとって右の声明内容は受入れ難いものでした。例えば、ロシア北部のアルハンゲリスクに駐在していた米国大使代理であったデ・ウィット・C・プール（De Witt C. Poole）は、右の声明に対する抗議を次のように述べ、辞任を申し出たのでした。

「大統領による動議に基づき一月二十二日に講和会議が採択した対ロシア政策の内容によって、私がどのような混乱に陥っているかを率直に国務省に説明することが私の義務であります。公表された内容は、この革命を喜んで承認するということと、如何なる形態の反革命努力に対してもが同情を一切示さないという、米国の一貫した対ロシア政策の基調を再確認するというものでしたが、そこには、ボルシェビキ政権という、この革命のもう一方の敵に対する非難の言葉が一言も含まれていませんでした。[74]」

ボルシェビキ革命の実態を認識していたウィルソン大統領がその認識を隠し、「ロシア人がロシア

72　FRUS, The Paris Peace Conference, 1919 Vol. III、五百八十三—五百八十四頁。
73　同右、六百七十六頁。
74　Poole、二百五十五頁（Decimal File, 861.00/3804）。

人自身の情勢を指揮する絶対的権利」という耳触りの良い民族自決権が、あたかもボルシェビキ革命に該当するかのように装ったこの声明文は、到底誠実なものと言えるものではありません。前出のワイズは一九三八年に出版された著書の中で、「後世は、レーニンとトロツキーが成功した直接の責任はウィルソンにあると考えるであろう。これら共産主義指導者たちは、結局のところ、ウィルソンが唱えていた原理と同じ原理を適用しようとしていたのである。彼らもまた、世界中を覆う単一の政治体制の確立を望んでいたのであり、スターリンは経済勢力の支援を受けて、今その暴政を全人類に対して及ぼそうとしているのである」と記しています。[75]

五　革命によってロシアの富をボルシェビキ革命家たちの手中に集約させた後、ボルシェビキとの取引で巨万の富を得ようと画策した大資本家たち

前出のドヒニーは、ウィルソン大統領に加えて米国の大資本家の一部もボルシェキビであると明言していますが、資本家たちの場合、追求したのは飽く無き金銭欲であり、社会の安定および他の人々の財産権や生命までも無視して自己の目先の利益を追求する「経済最優先主義」でした。

右のⅣで触れた、一九八六年一月のイタリア共産党書記長ナッタとソ連共産党書記長ゴルバチョフの会談では、社会主義に基づく改革を一国のみで行うとその国の相対的競争力が低下するため、社会主義改革を国境を越えてできるだけ広範囲で同時に行い、競争の影響を抑える必要があることに言及しています。そして一般的に共産主義者の対局にあると思われがちな資本家も、利益の最大化のため

に市場および資産の独占を望み、利益を減らす原因となる競争を嫌います。このように、競争を嫌い、可能な限り広域において資産の独占支配を追求するということに焦点を当てて観ると、資本家と共産主義革命家の共通点が浮彫になるのです。

一九八〇年代初期にゴルバチョフを始めとする世界の共産主義組織の指導者たちが認識していたような、社会・共産主義国家の計画経済（肥大化した政府の財政政策）の致命的な弱点（競争の不存在がもたらす非効率性や技術革新の遅れ、膨張し続ける官僚制度がもたらす責任の不明瞭さ、汚職、疎慢な資産処分、担当官の当事者意識の欠如など）は、市場の独占を求める資本家にとって理想的な市場環境を提供してくれますが、実際に市場を独占するためには、その社会・共産主義政府の独裁者（すなわち肥大化した政府内で実権を握る政治家）から事業許可を取得する必要があります。この事業許可を取得するために、革命を起こす前から革命を（そして革命後は独裁者の権力維持を）支援するというような協力関係が、資本家と共産主義革命家との間に生じるのです。

ロシアの二月革命後間もない一九一七年三月二十四日付のニューヨーク・タイムズの記事には、ニューヨークのカーネギーホールで行われた二月革命成功の祝賀会の模様が報じられており、その会合にニューヨーク市長が出席しスピーチをしたこと、ウィルソン大統領が「米国は、（ロシア）市民から成る政府への当然の共感とその成功に対する確信の念をお伝えします」という内容のメッセージを

75　Wise、五百七十三頁。

寄せたこと、そして、日露戦争時に日本政府のために七千五百万ドルの資金を調達したことでも知られるニューヨークの銀行家ジェイコブ・H・シフ（Jacob H. Schiff）が「我々がこの長年願い努力し続けたことの成果を、今日フレンズ・オブ・ロシアン・フリーダムの皆と共に祝うことができないことが、誠に残念です」という旨のメッセージを送ったことなどが書かれています。さらにその記事には、日露戦争中に日本の捕虜となり日本の収容所に留置されていたロシア兵五万人に対して、ジョージ・ケナン（George Kennan）という著作家が、日本当局の同意を取り付け、シフからの資金提供を受けてニューヨークから取り寄せたロシア語で書かれた革命プロパガンダ文献一・五トン分を配布し、それらロシア兵捕虜を日本国内で革命家として養成していた事実も明かされており、「五万人のロシア軍将校と兵士が熱狂的な革命家となって母国に帰って行った」と報告されています。

つまり、一九〇五年にはすでにシフのようなニューヨークの著名な銀行家が、日本政府のための対露戦費調達の他に、その後のロシア革命の準備への積極的な協力を実施していたのです。

ロシア革命の最中に最も公に顕著であった米国資本家によるボルシェビキ革命支援活動は、米国赤十字ロシア使節団を装ったものでした。この赤十字ロシア使節団の実態は、ボルシェビキ革命家たちとの協力関係を築くことによりロシアの市場と資源を支配することを目的とした、ウォール街金融業者の使節団だったのです。[76]

ウィルソン大統領が名誉会長となっていた米国赤十字の本部は、J・P・モルガン（J. P. Morgan）、E・H・ハリマン（E. H. Harriman）、クリーブランド・H・ドッジ（Cleveland H. Dodge）、ラッセル・

セイジ（Russell Sage）などの大富豪から資金援助を受けていましたが、第一次大戦の影響で他からの資金調達が困難になると、実質的にニューヨークの銀行家たちに支配されるようになりました。資金提供の見返りとして、赤十字戦時審議会の設置を銀行家たちが要求しことに応え、ウィルソン大統領は一九一七年五月に同審議会を設け、ウィルソン大統領の資金提供者の一人であるクリーブランド・ドッジの推薦によって、J・P・モルガン&カンパニーの共同経営者であるヘンリー・P・デイヴィソン（Henry P. Davison）が同審議会の議長に就任しました。同審議会は米国赤十字ロシア使節団を組織し、同使節団はボルシェビキ革命勃発二ヶ月前の一九一七年八月にペトログラードに到着しました。同使節団は二十四人の団員によって構成され、その内医師はわずか五名で、他に医療研究者が二名いましたが、残りはニューヨーク金融街の弁護士、金融業者およびそれらの助手で占められていたのです。[77]

前出のドビニーがやはりボルシェビキの一人として名前を挙げているニューヨーク連邦準備銀行の常任ディレクターであるウィリアム・トンプソンもこの使節団の一員でした。一九一八年二月二日付のワシントン・ポストの記事には、トンプソンが米国赤十字ロシア使節団の長として一九一七年七月から十一月までペトログラードに滞在し、ボルシェビキ思想をドイツおよびオーストリアに広めさせ

76　Sutton、Wall Street and the Bolshevik Revolution、八十七頁。
77　同右、七十二—七十五頁。

るために、ボルシェビキに対して百万ドルを個人的に寄付した、と報じられています。同記事にはさらに、「トンプソンは米国人によるボルシェビキに対する批判を非難している。彼は、ボルシェビキが誤って伝えられていると考えており、その大義への資金提供は、その資金がロシアの将来のために、そして連合国の利益のために、有益に使われるであろうという確信に基づき行われたものである」と記されています。[78]

トンプソンは、ボルシェビキ政権樹立が宣言された後の一九一七年十二月にペトログラードを発ちロンドンに向いましたが、その際に米国赤十字ロシア使節団の責任者として、鉱床開発に従事しクロンダイク・ゴールドラッシュの時に財を築いたレイモンド・ロビンス（Raymond Robins）[79]を彼の代理人に任命しました。そして、一九一七年十二月十二日付のロビンスに関する記事には、二百万ドルの支払いに関する「米国赤十字ロシア使節団を構成する米国銀行家一団との交渉」の詳細が記されており、[80]さらに、ロビンスのその後のロシアにおける活動は、ロシアの新聞「Russkoe Slovo」によって「一方では米国の労働者を代表し、もう一方では、ロシアの市場を獲得しようとソヴィエト政府中を懸命に活動している米国の資本家を代表している」と報じられています。[81]

一九一七年十二月十七日付のモスクワの新聞は、ボルシェビキ革命と米国赤十字ロシア使節団を構成する米国資本家たちとの関係に言及し、彼らが「なぜ、立憲民主主義者ではなく、社会主義革命家に資金を供与するのであろうか。普通、前者の方が、銀行家の考えに近いと思われるのだが」と述べ、ケレンスキーたちではなくボルシェビキたちを支援していることに疑問を呈した後で、米国の資本家たちはロシアを将来の市場と見做して足場を固めたがっているのであり、「社会主義革命家たちがしばらく権力の座に居続けると考えて」革命家たちにお金を渡したのであろう、と結論付けています。[82]実際に、ロビンスは一九一八年二月に、当時米国広報委員会の一行と共にペトログラードに滞在していたアーサー・ブラード（Arthur Bullard）[83]に対して、ボルシェビキはただちに承認されるべきであると述べ、「米国がボルシェビキ政権を承認していれば、今頃はすでに我々はロシアの余剰資源を支配しており、フロンティアの全地点に管理統括者を置いていたことであろう」と語っています。[84]さらに一九一八年二月十五日にロビンスはペトログラードから、米国赤十字戦時審議会議長であるJ・P・モルガン&カンパニーの共同経営者デイヴィソンに対して、可能な限り長期間にわたりボルシェビキを支援するよう要請しており、その電信のトンプソンへの転送も依頼しています。[85]

78　同右、八十二―八十三頁
79　元米国進歩党（Progressive Party）の主要メンバーの一人で、一九一四年には連邦上院議員の候補者となった。
80　Sutton、Wall Street and the Bolshevik Revolution、四十七頁（Decimal File, section 861.00を参照）。
81　同右、八十三―八十四頁（Decimal File, 316-11-1265, March 19, 1918を参照）。
82　同右、四十六―四十七頁（Decimal File, section 861.00を参照）。
83　米国人ジャーナリストであり政治家。
84　Sutton、Wall Street and the Bolshevik Revolution、八十四頁（Bullard ms. Decimal File, 316-11-1265を参照）。

同じ時期に米国内でもウォール街の関係者がボルシェビキ政権を承認させるために活動していました。例えば、一九一八年一月二十二日に、米国上院議会の銀行・通貨委員会の委員長で、ウォール街の関係者でもあるロバート・L・オーエン（Robert L. Owen）は、ウィルソン大統領に対して、ソヴィエト・ロシアを事実上承認し代表者をソヴィエト・ロシアに派遣することを促し、さらに、ロシアで緊急に必要とされている物資の搬送許可を求めています。[86]

トンプソンは一九一七年十二月にペトログラードからロンドンに行き、そこでJ・P・モルガン&カンパニーの共同経営者であり、やはり前出のドヒニーによって名指しされているトーマス・ラモントと共にロイド・ジョージ首相を訪ね、ボルシェビキ政権は留まるものであるから、英国は反ボルシェビキ政策を止め、レーニンとトロツキーを支援するべきである、と説得しました。そして、英国戦時内閣は、トンプソンとのやり取りに関するロイド・ジョージの報告とそれを支持する主張を聞いた後で、トンプソンとボルシェビキに協力することを決めたのでした。[87]

因みに、一九一六年末に英国首相となったロイド・ジョージは、首相になる直前まで軍需省の大臣を務めていました。この軍需省は、第一次大戦中に兵器の製造と調達が間に合わなくなり、その問題解決を目的として新設された機関であり、その初代大臣となったロイド・ジョージは、製造・金融分野の大企業との緊密な協力が不可欠と考え、軍需省の上層部にそれら大企業からの出向者を多数迎え入れるという、当時としては極めて斬新な手法で成功を収めることによって名声を得、一九一六年十二月に首相まで上りつめたのでした。[88] しかし、ドナルド・マコーミック（Donald McCormick）の著書『The Mask of Merlin』によると、ロイド・ジョージは、英国の巨大重工業会社であるヴィーカース・カンパニーの代理人であり国際的な武器商人として複数の戦争で両側に武器を売り巨万の富を築いていたバジル・ザハロフ（Basil Zaharoff）から多大な援助と助言を受けており、首相就任時には国際武器取引の謀略から自由になることができない状態であったということです。[89]

そしてそのザハロフは、ボルシェビキとの関係を築き、白ロシア（反ボルシェビキ）軍のための弾薬を対トルコ戦に流用しようと試み、さらにロンドンとパリにおいて、ボルシェビキを非難する勢力を抑えるために影響力を行使した、とマコーミックは書いています。[90]

85　同右、四十七頁（Decimal File, section 861.00 を参照）。

86　同右。

87　同右、九十三―九十四頁（British War Cabinet papers, no. 302, sec. 2（Public Records Office, London）を参照）。注95で記すとおり、英国はただちに特命全権公使をモスクワに着任させている。英国とロシア・ソヴィエト連邦社会主義共和国との間の経済および政治関係の正常化協議は一九二〇年五月に早くも始まり、通商条約が一九二一年三月十六日に締結された（Julius Katzer 編、『V. I. Lenin, Collected Works』Volume 31 (Progress Publishers 1966)、五百八十一頁、脚注157）。

88　Encyclopedia Britannica Ultimate Reference Suite (Encyclopedia Britannica, 2015)、「Lloyd George, David」。

89　Donald McCormick 著、『The Mask of Merlin』（Holt, Rinehart and Winston, 1964）、百三頁。

ロイド・ジョージについては、当時の駐露米国大使代理であった前出のプールも、一九一九年から二一年にかけてボルシェビキと打ち解けることを強く主張していたと述べており、さらにロイド・ジョージをよく知る英国下院議員のマーストン・スミス（Marston Smith）は、ロイド・ジョージ自身少しボルシェビキのようなところがある、とプールに語っています。[91]

この時の米国赤十字ロシア使節団の活動は右のようなものであり、団員たちが帰国後ただちに米国内で発信し始めた、ボルシェビキ政権を支持する内容のプロパガンダが、ボルシェビキが日々犯している虐殺行為について他から耳にしていた米国民を混乱させていたことは、前出の一九二〇年報告書の中でも述べられています。[92] そして同様のプロパガンダ活動が、やはりウィルソン大統領が派遣したブリット・ミッション[93]によっても行われていた事実が、ブリタニカ百科事典第十二版の「ロシア」の項目の中で「労働階級の独裁者の地位を認めさせるための企てが、米国の進取的なジャーナリスト達（ブリット氏のミッション）による［ボルシェビキに対する］好意的な報道に関連して生じ始めた」、というように記されています。

中立性を重んじ人道主義に基づき行動することを旨とする赤十字が、残虐極まりないボルシェビキ独裁政権への支持を拡大させるための隠れ蓑として利用されていたことには驚愕しますが、それに参加していた著名な資本家たちの動機は明瞭でした。彼らは革命後のロシア市場を自分たちで独占したかったため、ボルシェビキを支援したのでした。[94] この動機は、「この戦争が終わると、英国狼と米国狼はロシアの市場獲得の為に互いを食い尽そうとするであろう。しかし、今現在我々が協力して狩りをしないと、ドイツ狼が我々の両方を食べ尽すことになるのである」という、ロビンスが英国外交官のブルース・ロックハート（Bruce Lockhart）[95]に語った内容[96]にも明確に示されています。

実際に、次の六に示すように、英米独の多くの資本家たちに対して、革命後間もなく、ソヴィエト・ロシアから資源開発、合弁事業、技術支援などの認可が与えられました。そして、それらの事業を通して大量の兵器がソ連によって製造または購入されるようになり、延いては、大量の兵器がソ連からシナに流入し（注111および145を参照のこと）、日本を大きく苦しめることにもなったのでした。

90　同右、二百八頁。

91　Poole、二百五十二頁。

92　注43を参照のこと。

93　注63を参照のこと。

94　トンプソンがロイド・ジョージのボルシェビキ独裁政権への支持を取り付けた際にロイド・ジョージに渡したメモには、「連合国の政策の抜本的な修正がただちに行われない限り、ロシアはドイツによる搾取に対して完全に無抵抗のままとなります」と書かれており、戦後のロシア市場におけるドイツ企業との競争を意識していたことが明らかである。（Sutton、Wall Street and the Bolshevik Revolution、百九十七頁）。

95　ボルシェビキ政権下の初めての英国特命全権公使として、一九一八年一月にモスクワに着任した。

96　U.S. Senate, Bolshevik Propaganda、八百二―八百三頁。

六　ボルシェビキ革命直後から米国を含む西側諸国がソヴィエト・ロシアに対して積極的に実行した投資と、ワシントン軍縮会議（一九二一—二二年）と同時期に始まったソ連軍備拡大支援

（一）一九一七—一九二九年

ソヴィエト・ロシア内の産業や資源開発を促す目的で特権（資源開発・販売権、ソヴィエト政府との各種合弁事業契約、対ソヴィエト技術支援契約など）を外国企業に付与する手法の活用が、米国赤十字ロシア使節団の滞在中である一九一七年十二月に開催された第一回全ロシア国民経済評議員大会（All Russian Congress of Councils of the National Economy）において採択されました。その後の米独仏英の資本家たちとソヴィエト政府との交渉は、連合国軍のロシア介入[97]とロシア内戦（主にボルシェビキ軍と白ロシア軍との戦い）によって一時的に停止しましたが、ロシア内の反ボルシェビキ勢力が壊滅し、米国がそれを見届けるタイミングで一九二〇年にロシアからの撤兵を決定するなどし、ロシア内の情勢が比較的安定してきた時点で、レーニンは管轄当局の許可のみで外国の資本に対して特権を付与することができるとする命令を発布しました。[98]

一九二一年から一九二九年の間に、外国資本がソヴィエト政府に申請した特権の件数は、判明しているだけで二千六百七十件に上り、[99]その結果、西側諸国から派遣された技術監督者や技術コンサルタントは、ソ連内で一般的な存在となりました。[100]知られている大型契約の例として、英国資本のレナ・ゴールドフィールズ（Lena Goldfields, Ltd.）が取得した事業運営の特権は、ソ連の取り分を除いた残りだけでも、八千九百万ドルを超える価値を有すると評価されており、[101]Ｊ・Ｐ・モルガンと関係の深い

米国ゼネラル・エレクトリック（The General Electric Co.）は、ソ連内で発電所および送電システムの新規建設の役割を担うElectroexploatsiaの取締役として代表者を送り、スウィディッシュ・ゼネラル・エレクトリック（Swedish General Electric）は、ソ連の都市部以外に電気設備を普及させる役割を担うElectroselstroiを創設し、その主要株主となりました。[102] そしてインターナショナル・ゼネラル・エレクトリック・カンパニー（International General Electric Company）は、一九二八年に二千六百万ドル相当の電気関連設備の販売契約を締結しています。[103]

97　右記IIの二（一）、および注70を参照のこと。
98　Antony C. Sutton　著、『Western Technology and Soviet Economic Development 1917 to 1930』（Hoover Institution on War, Revolution and Peace, 1968）、六頁。
99　同右、九頁。例えば、一九二〇年十二月一二日付ニューヨーク・タイムズの「W.D.VANDERLIP HERE VALUES LENIN GRANT AT $3,000,000,000」と題する記事は、カムチャッカ半島における石油、石炭の採掘などに関する三十億ドル相当の特権が米国投資家集団とレーニンとの間で交渉されていたことを報じている。
100　同右、六頁。
101　同右、八頁。
102　同右、六頁脚注8。
103　同右、百九十八頁。

さらに、ワシントン海軍軍縮条約やロンドン海軍軍縮条約によって日本に課された軍縮義務を日本が厳格に遵守していた期間（一九二二—一九三六年）と重なる時期に、西側諸国は、特に一九三〇年代からは米国が中心となって、ソ連の軍備拡大を精力的に支援していたのでした。第一次大戦後に締結されたヴェルサイユ条約によって、ドイツは軍事力を縮小する義務を負い、国内での兵器その他の軍需品の製造は厳しく制限されることになりました[104]。そのためドイツの軍需企業はボルシェビキ政権の誘いによって、一九二〇年代の始めからソ連内で各種軍需工業の建設や軍需品製造支援を行うようになり、それに基づき毒ガス、大砲、砲弾、戦車、潜水艦などの製造工場が操業され、ドイツの大手航空機メーカーであるユンカース（Junkers）は、ソ連内に工場と作業員を移していました[105]。

ドイツに限らず米国も一九二〇年代には、国務省は反対の立場をとったものの、米国陸軍省と海軍省は、軍需産業を維持するという理由で、ソ連に対する軍需品の販売を認めており[106]、ソ連は米国からも航空機用エンジンを購入していました。その他、ソ連はドイツのメーカーから図面を、英国のメーカーからは試作品を購入し、輸入エンジンを利用して、一九二四年にはソ連製の木製飛行を製造しており、さらに英国、フランス、オランダ、イタリア、スウェーデンからも飛行機を取り寄せ、それらを元にその改良型の製造に精力を注ぎました。その結果、一九二九年の時点でソ連空軍は三万人の兵士と千二百機の軍用飛行機を擁するまでになっていたのです[107]。

しかし、その時点では未だソ連には軍隊を構築するために必要な水準の航空・自動車産業は存在しておらず、製鉄・金属加工設備も十分になかったため、軍事力の全ては外国製兵器と外国の軍需生産技術を基盤としていました。実際に、一九二九年にソ連陸軍には百二十万人の兵士がいましたが、それらが使用していた兵器のほとんどは、帝政ロシア時代の旧式のものか、外国からの輸入製品でした（例えば、機関銃はマキシム、コルト、ブローニングなど英米製のものがほとんどを占めていました）[108]。機関銃がソ連で本格的に製造され始めたのは一九二六年頃からですが、それらは英米独などの製品をモデルとしたものでした[109]。

そのような状況の中でも、一九二〇年代からソ連がシナに定期的に兵器を供給していたことが米国

104　ヴェルサイユ条約第百五十九条および第百六十八条。

105　Sutton、Western Technology and Soviet Economic Development 1917 to 1930、二百五十八—二百六十六頁。

106　Antony C. Sutton　著、『Western Technology and Soviet Economic Development 1930 to 1945』（Hoover Institution on War, Revolution and Peace, 1971）、二百三十六頁。

107　Sutton、Western Technology and Soviet Economic Development 1917 to 1930、二百六十—二百六十三頁。

108　同右、二百五十八—二百六十六頁。

109　Sutton、Western Technology and Soviet Economic Development 1930 to 1945、二百四十二—二百四十五頁。

110　前出のブリタニカ百科事典第十二版（右IIの二（四））では、ボルシェビキ軍のシナ侵略を防ぐ目的で日本が北京政府に対して行った軍備支援が日本の陰謀であるというプロパガンダを流布されたため、日本は名誉のために北京政府への支援を一九一九年に打ち切ることとなった事実が記されているが、それから間もなくソヴィエト・ロシア（お

政府内で報告されています。一九二五年五月二日付の駐支米国公使代理の米国務省に対する報告[111]には、馮玉祥（当時国民軍指導者であったが、ソ連との親密な関係は一九四八年に歿するまで継続した）がソ連から武器弾薬の安定供給を受け続けており、近日中に機関銃五千丁が引き渡されることになっていること、および、張作霖と馮玉祥との間で日ソの代理戦争の様相を呈する武力衝突が近々予想されることなどが記されています。このように、ソ連がシナにおいて日本に対抗して影響力や権益を拡大する目的でシナに兵器を定期的に流していることを当時から米国政府は認識していたのです。

（二）一九三〇―一九四五年

FDR政権下で米国政府内へ多数の共産主義者が潜入するようになった一九三〇年代になると、米国務省はソ連への兵器の輸出を積極的に奨励するようになりましたが、それとは逆に、陸軍省は兵器輸出を躊躇するようになりました。[112]米国務省のソ連に対する積極的な協力姿勢は、それを強く懸念した海軍将校たちに、FDRと国務省が承認したソ連に対する軍事物資の販売を非公式に妨害する決断をさせるほど、強いものでした。[113]

米国務省は、ソ連に対する航空機エンジンの販売および製造の技術支援を許可し、さらに米国人エンジニアが、アルミニウム・パウダー工場の設計と操業をソ連で行うことも認めています。[114]米国企業による雷管、導火線、商業用飛行機、エンジン、ヘリウムガスなど、軍事転用が容易に可能な製品のソ連への販売も認められており、火薬の原料であるニトロセルローズの製造技術支援なども許可されていました。[115]FDR自身、ソ連が米国製の四万五千トン級の戦艦を入手できるように可能な限り支援することを米国務省に自ら指示していたほどでした。[116]

そして、製造手法を専門とする米国人エンジニアが一九三二年にソ連内の多くの工場を回った際には、それらの工場の主な目的が弾薬やその他軍事物資の製造にあることを報告しています。[117] 特に、西側諸国の支援および設備を用いてソ連各地で建設されたトラクター製造工場では、当初から戦車、装甲車や自走砲が製造されていました。一九三一年にはすでに、スターリングラードに新設された工場で小型戦車の製造を開始しており、[118] ハルキウのトラクター工場では、一九三二年の時点で一日八～十

よび間接的に西側諸国）がシナ軍閥の軍備支援を開始していた。

111　USFR, 1925, Vol. I、六百九—六百十頁。

112　Sutton、Western Technology and Soviet Economic Development 1930 to 1945、二百三十六頁（Decimal File, 711.00111, Armament Control/583 を参照）。

113　同右（Decimal File, 711.00111, Armament Control/1127 および /1841 を参照）。

114　同右、二百三十六—二百三十七頁（Decimal File, 861.659 - DUPONT DE NEMOURS & CO./5 を参照）。アルミニウム・パウダーは、弾薬の爆発力を増すために添加物として使用される。

115　同右、二百三十七頁（右に加え Decimal File, 861.659 - Nitrocellulose/5 を参照）。

116　同右、二百三十八頁（Decimal File, 711.0011 Armament Control/1154 を参照）。

117　同右、二百三十八—二百三十九頁（Decimal File, 861.5017 - Living Conditions/420, February 8, 1932 を参照）。

台の戦車が製造され、一九三八年には装甲車に加え、英国のヴィッカース六トン戦車を模倣したT−26が製造されていました。そしてチェリャビンスクのトラクター工場では一九三七年の時点で、米国製のクリスティをモデルとした戦車が製造されていました。[119]

FDR政権の二期目に向けた大統領選挙戦が行われた年である一九三六年以降（注21を参照のこと）、最新でより進化した兵器システムおよび製造工場の獲得にさらに邁進したソ連は、兵器輸入と技術支援享受契約の対象を拡大し続けました。米国からの兵器などの購入の交渉実務をより効果的に行うために、ソ連はニューヨーク市内にカープ・エクスポート・アンド・インポート・コーポレーション（Carp Export and Import Corporation）を設立し、社長としてソ連人民委員会代表であるV・M・モロトフ（V. M. Molotov）の妻の兄弟を任命し、社員として米国退役軍人を雇い、この会社は米国内で強い影響力を持つようになりました。[120]

米国務省の積極的な協力姿勢には目を見張るものがあり、例えば一九三六年十一月にソ連大使館が米国務省に対して、ソ連が戦艦および装甲巡洋艦用の装甲を複数の鉄鋼会社から購入するために必要となる許可を海軍省が出すように働きかけることを要請した際に、[121]米国務省は組立て前の戦艦の部品の購入は米国法に抵触せず、政策に反するものでもないと答えています。[122]さらに米国務省は、既存の米国軍艦の図面や仕様書などを渡すことはできないが、米国海軍の設計技師がソ連のためにそのような図面を作成することは禁止されていないと書簡で返答しています。[123]その結果、米国企業のウィリアム・セラーズ・カンパニー（William Sellers Company）は装甲用鋼板製造機械の販売契約の交渉をソ連と直接行うこととなり、[124] さらに、別の米国企業（Electric Boat Company）がソ連に対して潜水艦設計図および仕様書を作成し、ソ連内で潜水艦建造サービスを提供することを、海軍省と国務省は許可したのでした。[125] このようにして、米国の製造企業はソ連に対して軍事物資を直接提供するようになったのです。[126]

そして一九四一年に独ソ戦が開戦した後は、米国は返済の条件を定めない貸与という形態で、ソ連に対して合計で約百十億ドル相当の軍需品などを提供しました。それには、トラック三十七万五千

118　同右、二百三十八頁（Decimal File, 861.5017 - Living Conditions/248, Report No. 608, Interview with E. T. Riesing, May 8, 1931 を参照）。
119　同右、二百三十九頁。
120　同右、二百四十七頁（Decimal File, 711.00111 Armament Control/431 を参照）。
121　同右、二百四十七頁（Decimal File, 861.6511/39, April 16, 1938 を参照）。
122　同右、二百四十七頁（Decimal File, 711.00111 Armament Control/1153a を参照）。
123　同右、二百四十七頁（Decimal File, 711.00111 Armament Control/455, January 13, 1937 を参照）。
124　同右、二百四十七—二百四十八頁（Decimal File, 861.6511/39 を参照）。
125　同右、二百四十八頁（Decimal File, 711.00111 Armament Control/540, March 9, 1937 を参照）。
126　同右、二百四十七頁。

台、ジープ五万二千台、戦車七千台、その他戦闘用車両六千三百台、飛行機一万四千七百機、高射砲八千二百門、蒸気機関車一千九百両、ディーゼル機関車六十六両、鉄道車両一万一千両、オートバイ三万五千台、食糧四百五十万トンなどが含まれていました。[127] さらにこれらの貸与品の中には、軍需品以外に相当な額の産業用機器も含まれていたのです。[128] ソ連への貸与の目的でこの百十億ドル相当の物品を米国政府に販売した米国企業とその株主たちは、それによってどれほどの利益を上げたことでしょうか。

七　日米開戦の実現を目標としていた米国共産党を含む第三インターナショナルの反日活動

一九二〇年まではソヴィエト・ロシアの共産主義革命活動は近東をその主な対象としていましたが、一九二一年には焦点が極東に移されていました。一九二一年七月十二日にモスクワのラジオ局は世界に向けて、モンゴルに革命政府が樹立された旨を発表し、その後モンゴルがソヴィエト・ロシアの極東戦略の中核を成すようになりました。[129] これにより、モンゴルに隣接する満洲でシナとの諸条約に基づき生活していた日本人居留民は、モンゴルからの攻撃の危機にも晒されることとなったのです。

一九二〇年十二月六日に共産党員を前にして行ったスピーチの中でレーニンは、国力が米国より大きく劣る日本がシナにおいて有している多大な権益に比べて、米国のシナにおける権益が小さいことに言及し、「より強い資本主義者が弱い資本主義者の略奪品を奪い取らないと考えることは不合理である。このような状況下で米国が無関心でいられようか」、「我々は二つの資本主義国の間に存在する敵意および矛盾を利用して互いに敵対するよう扇動しなければならず、共産主義政策の実践的な役割は、かかる敵対心を利用することと、互いに対立するよう扇動することである」、そして「我々はすでに日本と米国を争わせており、それによって利益を得ているのだ」、などと語っています。[130] つまり、日本のシナにおける権益を利用し、日米間に戦争を起こさせようとする共産主義者の謀略は、一九二〇年にはすでに始まっていたのです。

右に示したレーニンの謀略は、ただちに第三インターナショナルの戦略に採り入れられました。例えば、一九二四年七月の第三インターナショナル第五回代表者大会で採択された戦略綱領には、「日米両国の帝国主義の間に存在する根本的な対立は解消されておらず、自動的に作用し続けており、最終的に帝国主義者の戦争に至らなければならない」と記されています。[131]

そして日米を戦わせるという共産主義者の謀略の目的について、ロシア第一革命の年（一九〇五年）に帝政ロシアから米国に逃れ、コーデル・ハル（Cordell Hull）国務長官の特別補佐官を務め、国連憲

127　Herbert Hoover 著、George H. Nash 編、『Freedom Betrayed』（Hoover Institution Press, 2011）、四百五十一頁。
128　Sutton、Western Technology and Soviet Economic Development 1930 to 1945、二百四十八頁。
129　Leo Pasvolsky 著、『Russia in the Far East』（The Macmillan Company, 1922）、九十九頁。
130　V. I. Lenin, Collected Works, Volume 31、四百三十八―四百四十六頁。
131　Jane Degras 編、『The Communist International 1919-1943 Documents』Volume II (1923-1928)、百四十五頁。

章策定の中心的人物としても知られるユダヤ系ロシア人のレオ・パスボルスキー（Leo Pasvolsky）は、一九二二年に自著の中で次のように述べています。

ソヴィエトは、米国と日本との間で戦争が起きることをあからさまに当てにしている。ソヴィエトの指導者たちは、その戦争の結果がどうなろうとも、かかる戦争が両国を疲弊させ、両国において社会革命を誘引する可能性があり、仮に革命が起こらなくとも、革命を起こさんとする活動によって、両国とも著しく弱体化されると考えているのである。ソヴィエトにとっては、それが日本に起こることが特に重要なのである。もしそうなれば、極東におけるソヴィエトの唯一の強敵が排除されることとなるからである。したがって、米国と日本とが軍事衝突した場合は、その結果がどうであれ、ソヴィエトの指導者たちは自分たちが唯一の実質的な勝者と成り得ると考えている。そして彼らは、この目的を達成するために如何なる努力も惜しむつもりはないのである。[132]

実際に、日本で革命を起こさなければならないとする考えは、一九二二年一月にモスクワにおいて、極東地域の様々な共産主義組織および革命組織によって会合が開かれた際に協議されています。この会合には、朝鮮の代表者五十二名（朝鮮共産党は、ソヴィエト・ロシアに移住した朝鮮人がモスクワで設立）、シナの代表者三十七名、モンゴルの代表者十四名、インドの代表者二名、そして日本の代表者七十三名が集結しました。一九二二年の時点で日本にはすでに、七十三名もの代表者をモスクワに派遣することができるほどの革命勢力が存在していたのです。同会合では、日本で革命が起きない限り極東地域の革命は局地的な事象に止ることとなるため、日本で革命を起こすことが鍵であり、第三インターナショナルの旗の下で日本の帝国主義者を相手に死ぬまで戦うということが話し合われました。[133] そして、第三インターナショナル幹部のニコライ・ブハーリン（Nikolai Bukharin）が起草したと言われる、一九二二年七月に秘密裡に創立された日本共産党の綱領草案には、君主制の廃止、大地主の土地および宗教団体の財産の没収、日本軍のシナからの撤退、外交上のロシア承認などが定められたのでした。[134]

そして米国共産党は、日本の弱体化を確実に招くこととなる日米開戦の実現に向けて米国民の反日感情を醸成することに努めたのです。前出の元米国共産党幹部のギトローは、一九二七年の時点で、彼の知るソ連指導者の全員が、日本が弱体化してシベリア国境における日本の脅威が消滅するように、できるだけ早く日米間で戦争が起きることを願っており、スターリンは、米国共産党の活動によって、

132　Pasvolsky、百二十一百二十一頁。

133　Jane Degras 編、『The Communist International 1919-1943 Documents』Volume I (1919-1922)、二百八十六―二百八十七頁。

134　同右、Volume II (1923-1928)、九十一頁。

日本を攻撃対象とする戦争に賛同する世論を米国内でつくり上げることを望んでいた、と述べています。[135] さらにギトローは、FDR政権が一九三三年にソ連政府を正式に承認するとソ連政府はただちに、米国民が日本を敵視するように仕向けるために、米国内の労働者層と進歩主義者層の世論を操ることによって、「証拠無しに言い立てられた日本の脅威」に対する集団ヒステリーを米国民の間に起こさせる活動に集中するようになった、と記しています。[136]「田中メモランダム（上奏文）」と呼ばれる偽造文書の流布はその代表的な例の一つであり、[137] 近年になりやっと海外の文献でも、この田中メモランダムは、日本を「侵略者」として仕立て上げるために、ソ連とプロパガンダ組織が協力して巧妙に偽造したものであったという事実が明記されるようになってきました。[138]

日米を戦わせて日本を弱体化させるという共産主義者の謀略はその後も継続し、日支戦争勃発の二年前の時点でも、かかる謀略は米国政府によって再確認されています。ロシア革命時にボルシェビキに好意的なジャーナリストとして活動し、FDRによって米国初の駐ソ大使（一九三三―一九三六年）に任命された前出のブリット（注93を参照のこと）は、一九三五年七月十九日に米国務長官に対して、ソ連首脳陣の考えを次のように報告しています。

当然、ソヴィエト政府が最も切実に願っていることは、米国が日本との戦争に参加することです。もしそのような戦争が起きた場合、ソ連は戦いの外に留まり、西から米国に軍需品を供給し、東から日本に軍需品を供給することによって得られる利益を獲得するというのがソ連の政策となる

135　Gitlow、四百八十五頁。

136　同右、三百三十五頁。

137　日本の世界征服計画を田中義一首相が記したものとして偽造された怪文書で、「世界を征服するためにはまずシナを征服しなければならならず、シナを征服するためにはまず満洲とモンゴルを征服することが必要であり、これが日本の存立上必要な事である」という内容のもの。一九三〇年代前半に、アジア問題研究機関として有名であった太平洋問題調査会（Institute of Pacific Relations（以下「IPR」））と米国人ジャーナリストのエドガー・スノー（Edgar Snow）を経由して英米に広められた（服部龍二著、『日中歴史認識「田中上奏文」をめぐる相剋　一九二七―二〇一〇』（東京大学出版、二〇一〇年）、二―八頁）。このIPRは、第二次世界大戦後に米国政府によって行われた調査の結果、共産主義者およびその協力者によって支配され、共産主義の政策、プロパガンダおよび軍事諜報活動の道具として使われ、虚偽の情報を流布し、米国の世論および極東政策に実質的な影響を及ぼしたと結論付けられており（『Institute of Pacific Relations, Report of the Committee on the Judiciary, Eighty-Second Congress, Second Session, A Resolution Relating to the Internal Security of the Unites States』(United States Government Printing Offfice, 1952)、二百二十三―二百二十五頁）、エドガー・スノーにしても、共産党から指示を受けて、共産主義の利益の代理人として活動していたことが、冷戦時代の記録によって判明している (M. Stanton Evans 著、『Blacklisted by History』（Three Rivers Press, 2007）、三百五十頁）。

138　Jerrold および Leona Schecter 著、『Sacred Secrets』（Brassey's Inc., 2003）、八頁。Herbert Romerstein および

でしょう。……日本が完璧に負かされるまで、ソ連は同盟国となることを回避しようとすることは明らかであり、そしてその機会を単に満洲の獲得およびシナのソヴィエト化のために利用するでしょう。ソ連の指導者たちが強く切望している日米間の戦争に関して彼らは、日本が負け、日本に共産主義政権が樹立され、日本とソ連が仲良く手を取り合ってシナに共産主義を確立させることとなるであろうという最終的な確信を有してます。……そして米国も一連の経済回復と危機を繰り返した後で共産主義の「極楽」に落ちる（または昇る）と思われています。ソ連政府の目的とするところは……世界全体で革命を起こすこと……日本と米国との間に敵意を醸成すること、そして全ての国の共産主義者たちに……自国政府の利益に背く行為を行わせるために、彼らの盲目的な献身と服従を得ることです。[139]

そして共産主義者たちは、シナ軍を利用して日本をシナの広大な内陸部へおびきよせ泥沼に引きずり込み、日本をソ連から遠ざけるために[140]一九三七年に日支戦争を仕掛け[141]、さらにその機会を捉え、ギトローが告白したように、プロパガンダを駆使して日本をシナの侵略者に仕立て上げることによって米国民の反日感情を対日戦争に向けて煽ることを狙ったのです。そしてこの年はＦＤＲ政権二期目の初年であり、既に述べたようにこの頃には、共産主義者による米国政府、メディア、教会などの主要組織への潜入が相当拡大しており、米国によるソ連軍備増強支援と、それに裏打ちされたソ連の対支兵器供給能力も拡充されていました。さらに、シナにおいては、国共合作[142]の下地も整っていました。

Eric Breindel 著、『The Venona Secrets』（Regnery Publishing, Inc., 2001）、五百二十頁の注15において、「田中上奏文は一九三一年にソ連が秘かに配布した偽造文書であり、米国および欧州で反日感情を醸成するために広く利用された」と記されている。

139　FRUS, The Soviet Union, 1933-1939、二百二十七頁。

140　ユン・チアンおよびジョン・ハリディ著、土屋京子訳、『誰も知らなかった毛沢東』（講談社　二〇〇五年）、三百三頁。

141　日支戦争は、一九三七年七月七日の所謂「盧溝橋事件」から始まったと言われるが、盧溝橋事件の四日後の七月十一日にシナ第二十九軍副軍長秦徳純と日本軍北京特務機関長松井久太郎との間で締結された停戦協定には、シナ軍が事件の責任を認めたこと、そしてそれが共産党などの反日組織の指導に起因して起こされたと思われることが明記されている。さらに、一九三七年一二月二十一日付の駐ソ米国大使代理から米国務長官への報告書には次の内容が記されている。(i)盧溝橋事件の八ヶ月前の一九三六年十一月に、「シナが日本を戦争不可避とするところまで追い詰めた場合、シナに対し物資供給および軍隊派遣による支援を提供するという確約をソ連政府から取り付ける」任務を帯びた大使が、シナからモスクワに送られていた。(ii)そして、一九三七年の春から夏にかけて、南京駐在のソ連大使（ボゴモロフ）およびソ連に友好的な有力シナ人グループは、南京政府が日本に対して武力抵抗を行った場合は「ソ連の武力支援を安心して期待することができる」と、南京政府に信じさせようと努力していた。(iii)しかし、盧溝橋事件勃発後もソ連は支援を行わなかった。(iv)十月にシナ共産党員がスターリンを訪ね、その後、南京政府に対して、シナの対日戦にソ連が特定の日に参戦する予定であることを報告したが、約束の日が過ぎてもソ連は参戦しなかった（FRUS,Undeclared War,1937 Vol. III、八百二十七―八百二十八頁）。この報告は、日支戦争は、ソ連とシナ共産党員たちが、国民党軍を利用して「日本を戦争不可避とするところまで追い詰め」起こさせたものであることを強く示唆盧溝橋事件が勃発した当時現地に駐在していた外国の政府関係者たちの目にも、日本が紛争の拡大を防ぐためにシナの挑発に対して最大級の自制と忍耐を示していたことが明らかであったことが報道されていますが[143]、第三インターナショナルは、盧溝橋事件を日支間の全面的衝突へと導くためにあらゆる手段を用いること、および民衆を扇動して戦争開始を回避できない状況に国民政府を追い込むことを命じたのでした[144]。

そして、共産主義者で国民党軍に潜入していた張治中将軍などが密かにソ連大使館と連絡を取り合い、蒋介石の命令を無視して日本軍を攻撃し続け[145]、さらには、日本人および朝鮮人居留民合わせて二百数十名が惨殺された通州事件に代表されるような日本人・朝鮮人居留民虐殺事件を起こすことによって日支戦争を意図的に拡大させたのです。さらに、そこに注145および注151で言及するような米ソの潤沢な対支支援が加わり戦争が長期化し、日本は輸入に頼らざるを得ない石油や鉄などの貴重な資源の大量消費を強いられ、ＡＢＣＤ包囲網として知られる後の対日経済封鎖に耐えられない状況まで追い込まれて行きました。

そしてこの経済封鎖の裏にも共産主義者が暗躍していたのです。例えば、注39で触れたソ連のエージェントであったハリー・デクスター・ホワイトは、一九三七年以来財務省で金融調査のディレクターを務め、外国の財政事情に関してモーゲンソウ（Morgenthau）財務長官に対し最も影響力を有するアドバイザーとなっていました。在米日本資産凍結実施の五ヶ月前である一九四一年二月二五日付のモーゲンソウ長官に宛てた書面の中でホワイトは、日本の「困窮は悪化し続けており……一九四一年中にそれれば大幅に拡大することとなる」ので「日本は、日本の在米資産凍結に対して特に耐性の無い状態にある」と述べ、日本が自由に使えるドルや金を大きく減少させることによって「日本の経済構造をただちに危機的状況に陥らせることになる」と結び、在米日本資産凍結の実施を強く促していました（Edward S. Miller 著、『Bankrupting the Enemy』〈Naval Institute Press, 2007〉、百六―百七頁）。

142　ユン・チアン、三百―三百二十三頁。一九三六年十二月に蒋介石が、自分の部下でありながらシナ共産党と協力関係を築いていた張学良によって西安で拉致監禁された際に、スターリンが、これを機会に対日全面戦争戦に向けて国民党と共産党との共闘を目指すようシナ共産党に指図し、それを基に両党間の和解が成立した。

してており、それを米国政府は認識していた。

143　一九三七年八月三十一日付ニューヨーク・タイムズ「JAPAN MAY START DRIVE ON NANKING; Decision Rests Upon China's Attitude Toward Tokyo」。ユン・チアン、三百四十頁（「日本側も全面戦争を望んではいなかった」）も参照のこと。

144　興亜院政務部編、『コミンテルン並に蘇聯邦の対支政策に関する基本資料』（一九三九年）、九十―九十一頁。ソ連とシナの共産主義者たちが日支戦争を起こし拡大させたことについては、Frederick Vincent Williams 著、『Behind the News in China』(Nelson Hughes Company, 1938) の十三―二十七頁も参照のこと。

145　ユア・チアン、三百四十―三百五十五頁。一九四一年まで、ソ連がシナにとって最大の武器供給国となった（三百四十四頁）。

経済封鎖それ自体が戦争行為そのものであり、戦争行為を受けた国は、対手国に対する不戦条約上の義務から解放されることとなることは、一九二八年十二月七日に当時米国務長官であったケロッグ（Kellogg）が、米国上院議会におけるパリ不戦条約（通称 Kellogg-Briand Pact）に関する討議の中で明言しています。この米国の考えに基づけば、ABCD包囲網という経済封鎖によって先に連合国側が日本に対して戦争行為をしかけたのであり、それによって、自衛的行動を執る権利が日本に生じたということになります。そしてこの考えは、注181で言及する米連邦上院軍事外交合同委員会におけるマッカーサーの証言の内容とも符合しているのです。日本を含めアジア各地で共産主義者が相当の勢力を有していたことを証言当時には明確に認識していたマッカーサーは、日本が「もしこれらの原料の供給を断ち切られたら、一千万から一千二百万の失業者が発生するであろうことを彼らは恐れていました。したがって彼らが戦争に飛び込んでいった動機は、大部分が安全保障の必要に迫られてのことだったのです」（小堀桂一郎編、『東京裁判　幻の弁護側資料』〈筑摩書房、二〇一一年〉、五百六十七―五百六十八頁）と述べ、日本が自衛の必要に迫られて対米戦争に突入したことを認めたのでした。

注35および注64は、日本人共産主義革命家たちがボルシェビキ革命前から世界を舞台に積極的に活動していたことを示していますが、日本国内においても、一九一八年には学生運動団体である「東大新人会」という組織がボルシェビキ革命などに触発されて立ち上がり、そこでマルクス主義に傾倒した卒業生が満鉄調査部や朝日新聞などに次々に就職して行きました。そして、注133で言及するモスクワで開催された革命組織国際会議に七十三名もの日本人代表者が出席し日本で革命を起こす必要性が

協議された翌年の一九二三年に起きた関東大震災の際には、外国救援隊に紛れて多くの共産主義者が海外から潜入し、それらが大きな機密ネットワークをつくり、一九二六年の時点では、第三インターナショナルの秘密宣伝部が十九もの日本の新聞と雑誌を支配するようになっていたのです[146]。

第三インターナショナルの日本国内のスパイ集団として知られる「ゾルゲ諜報団[147]」の主要メンバーの一人であった、朝日新聞社記者、満鉄調査部嘱託職員、内閣嘱託などの役職を務めた尾崎秀実も東大新人会の出であり、日支戦争の最中、日支戦争拡大方針を主張し、ソ連が最も恐れていた日本による極東からの対ソ連攻撃[148]が行われないように、日本軍がシベリアに向けた北進ではなく、東南アジアに向けた南進を選択するよう仕向け、米英欄との衝突が不可避となる状況へと日本を誘い入れることに努めていたことも、周知の事実となっています。

146　小堀桂一郎および中西輝政対談、『歴史の書き換えが始まった！コミンテルンと昭和史の真相』（明成社二〇〇七年）、四十三―四十五頁。

147　本事件では、諜報団員十八人の他、機密漏洩の罪に問われた者十八名、合計三十六名が検挙された。その中には、西園寺公一や犬養健などの知名士が含まれていた。尾崎秀実は共産主義者として、その祖国ロシアに忠実を尽くし、日本の運命を売らんとしたスパイであった（『ゾルゲ事件（一）』（みすず書房、一九六二年）、三―四頁）。

148　一九四三年十一月末のテヘラン会議において、チャーチルがスターリンに極東での軍事行動を促したが、ソ連としては日本にソ連を攻撃する口実を何ら与えたくないためにスターリンは渋っていた、とテヘラン会議とヤルタ

八　共産主義者からの攻撃と国際連盟上級職員による反日活動に苦しめられた日本

注10に記したように、モスクワには、プロパガンダ活動家を育成するための大学があり、一九一九年一月にレーニンは、シナ人をソヴィエト共和国の特別な保護の下に置くこと、およびシナでボルシェビキのプロパガンダを実行するための特別部門を組織するという内容の命令を出しました。ボルシェビキがロシアで実権を握った時にロシア内にいた約六万人のシナ人労働者は、ボルシェビキ軍に徴兵され、赤色テロ実行の専門家として育てられ、シナにおける徹底したプロパガンダの中核を形成しました。[149]

満洲事変勃発の一月前である一九三一年八月に第三インターナショナルの執行委員会はシナ共産党に対して、ただちに正式なソヴィエト政府をシナに設立するよう指令を出し、これに基づき毛沢東、朱徳、周恩来らが主導者として選任されました。シナ共産党は、満洲国が建国された翌年の一九三三年の時点で、訓練を受けた正式な兵隊三十五万人および予備兵六十万人を擁するまでになっていました。[150]そして、同年にFDR政権が発足すると、同政権は様々な資金・物資援助をシナに行い続けました。[151]

満洲事変前の一九三〇年前後の時点で、シナ北部でシナとの諸条約において定められた範囲内で生活を営んでいた日本人居留民が置かれていた状況を、米国外交史の専門家として著名なジョージタウン大学のチャールズ・C・タンシル（Charles C. Tansill）教授は、自著の中で次のように述べています。「一九二九年のシナとソ連との間の争い（北満鉄道の利権を巡り満洲北部で生じた紛争）の最中に、一九二四年に締結されたシナ－ソ連協定に違反して、ソ連がシナで共産主義プロパガンダ活動を大規模に行っていた事実が判明した。

・張学良がソ連相手に一人で戦わなければならなかったという事実が、蔣介石ではソ連を相手に満洲の国境を有効に守ることができないことを示したのであり、シナ北部における日本人の防衛拠点が危険に晒されていたことは、日本の政治家達の目に明白であった。

・蔣介石自身、一九三〇年から三一年にかけて共産軍の攻撃に対して有効な手立てを見いだせずに苦しんでおり、シナ北部に居住していた日本人にとって共産軍の脅威は日増しに深刻化した。

会談でFDRの通訳を務め、後に駐ソ、比、仏大使に任命された米国外交官のチャールズ・E・ボーリン（Charles E. Bohlen）は記している（Charles E. Bohlen 著、『Witness to History』（W. W. Norton & Company, Inc., 1973）、百四十九頁）。

149　モスクワに在る複数の共産主義プロパガンダ大学は、毎年千二百人から千五百人の若いシナ人共産主義者をシナに送り出していた（Frederick Vincent Williams、十頁）。

150　David J. Dallin 著、『Soviet Russia and the Far East』（New Haven, 1948）、百八―百十二頁。Charles C. Tansill 著、『Back Door to War; The Roosevelt Foreign Policy, 1933-1941』（Henry Regnery Company, 1952）、百五十五頁。

151　Sidney Pash 著、「The China Card: Sino-American Relations and the Origins of the Pacific War, 1933-1941」（「東京大学アメリカ太平洋研究」第十二号）、六十五―六十七頁。

・西洋列強のほとんどは、南京政府が宣伝する「作り話と偽装」を信じる傾向にあったため、シナ北部で日本人居留民が直面していた共産主義者達の脅威について日本が国際連盟に訴えたところで、日本は何も期待できる状況ではなかった。

・日本人居留民の安全を確保するためには、満洲において十分な防衛手段を日本人によって備える以外の方法はなかった。

・シナの満洲に対する主権は、張作霖や張学良のような軍閥によってすでに虚構化されており[152]、満洲に対するシナの主権は実体がなく、そのような主権は辛亥革命以降有効に主張されたこともなく、もし日本が満洲において何の行動も起こさなければ、ソ連によって直ぐに消滅させられていたものであった[153]。

さらにタンシル教授は、日本が当時置かれていた危機的状況を明確に記したものとして、一九三一年に日支間の仲裁役として活動した、シナ問題の専門家であり孫文の政治顧問も務めたジョージ・ソコルスキー（George Sokolsky）による次の内容の記事を引用しています。

「ここで、一九三一年にこれら二ヶ国（シナおよび日本）間の和解の最後の試みがなされたことを思い出す必要があります。実際に私は、外務大臣であった幣原男爵その他と会談するためにシナから日本に行き、かかる和解の試みの一役を担っていました。日本側の姿勢は融和的でしたが、シナ側は全体に敵対的でした。……シナと日本を戦い続けさせようとする二つの勢力が動いていました。一つはソヴィエト・ロシアで、もう一つは国際連盟でした。ソヴィエト・ロシアは、一九二四年以来、……特に英国人と日本人に対する憎悪をシナ人の間に植え付ける積極的な計画を実行し続けていました。国際連盟の事務局は、ほとんどの時間をシナで過ごしていたルドヴィック・ライヒマン博士（Dr. Ludwik Rajchman）という職員を通して、中国における広範囲にわたる活動を展開していました。ライヒマンは猛烈な反日家だったのです。日本は国際連盟の加盟国であり、ライヒマンはその職員だったのですが。ライヒマンはポーランド人で、現在は国際連合の関係者となっています。[154]」

この記事の中で国際連盟の中の反日活動の急先鋒として名指しされている、ユダヤ系ポーランド人のライヒマンに関しては、前出のJ・P・モルガン&カンパニー共同経営者のトーマス・ラモント（右

152　例えば、張学良は独自にソ連と停戦交渉をしており、その後に中華民国の王正廷外務大臣がモスクワに和平交渉を申し入れた際にリトヴィノフ（Litvinov）は、張学良がすでに和平条件を受け入れているので南京の申し入れは無意味であると返答している（Bruce A. Elleman および Stephen Kotkin 編、『Manchurian Railways and the Opening of China』（M.E. Sharpe, 2010）、八十七頁）。

153　Tansill、九十一―九十一および九十六頁。

154　一九五一年三月十四日付ワシントン・タイムズ―ヘラルド、「These Days」（Tansill、九十六―九十七頁で引用）。

Vの五を参照）も米国務省極東部長のホーンベック（Hornbeck）に対して、「シナのことは知っているが日本のことは全く知らないライヒマン」が、シナの熱心で活発な支持者となり政局の展開に積極的に関与し、宋子文と幣原男爵との間の和解に向けた会談の計画を知ると、宋子文に和解反対の意見を述べ、日支間の和解を妨害した、と説明しています。[155]

実は、ライヒマンに限らず、中立性が求められる国際連盟の職員のうち、事務局の部長クラスの要職に就いていた複数の者が、同時に南京政府の顧問も務めていたことが、当時から日本でもよく知られており、日本は、国際連盟とシナとの間のそのような特別な関係を強く問題視していました。[156]

後に英国首相となったチャーチルも、ソ連の脅威、共産主義者たちがもたらしたシナの無秩序状態、そして国際連盟の反日的態度によって日本が苦しめられていた状況を把握しており、その国際連盟が作成させた「リットン調査報告書」に基づく満洲処理案で国際連盟が紛糾していた最中である一九三三年二月に、英国の下院議会において、日本の立場を擁護する次のような発言をしています。

「私は、国際連盟が日本と反目することが賢明であるとは思えません。……古代からの国であり、国家の名誉に対する気持ちおよび愛国心が最も強く、そして非常に多くの人口と驚くべき活力を有している日本の置かれた立場を、英国人が少しは理解しようと試みることを私は望んでいます。日本人は、一方でソヴィエト・ロシアの邪悪な脅威に、そして他方では、現在四から五つの省が共産主義者たちによる支配の下でひどく苦しめられているシナの無秩序な状態に、直面しているのです」[157]

そして、満洲事変当時現地に長期滞在していた米国人ジャーナリストで、ザ・クリスチャン・サイエンス・モニターの編集委員を務めていたウィリス・J・アボット（Willis J. Abbot）の満洲事変に関するコメントを、一九三一年十一月二十日付のニューヨーク・タイムズは次のように紹介しています。

満洲における日本の軍事行動は完全に正当なものである。日本は単に、日本の立場を世界に対して適切に説明できていないだけである。満洲における問題に関して日本が責められるべきところ

実は右の「和解の最後の試み」の後にも、蔣介石は一九三九年九月一日に駐仏大使経由で、米国政府に日本との和平調停を正式に依頼しており、蔣介石の和解条件は、日本軍が一九三七年の天津占領の前の時点まで撤退するというものであり、日本軍がシナ北部から完全に撤退することは要求していなかった（FRUS,1939 Vol. III、二百二十一―二百二十二頁）。しかし、米国政府はこの依頼を無視し、日支戦争を継続させた。

155　FRUS, 1934 Vol. III、四百十三―四百十四頁。

156　四王天延孝著、『国際連盟の実情』（奉仕會、昭和八年）、十頁。江塚正夫著、『新世紀の創造』（富強日本協會、昭和十八年）、八十八頁。

157　Robert Rhodes James 著、『Churchill: A Study in Failure, 1900-1939』（Pelican Books, 1973）、三百二十九頁。

は全くないどころか、満洲の実状を世界が知れば、日本の忍耐と我慢に世界中が驚嘆するであろう。私は満洲に長期滞在していたため、日本が行動を起こした際に、日本がどれほどの挑発を受けていたかを理解している。シナ人は、正式な条約上の義務を反故にしようと試み、鉄道建設にかかる支払義務を無視し、日本人居留民を攻撃していたのであり、断固とした懲罰的または救済的な行動は全く正当なものであった。

さらに、バチカンは一九三四年に満洲国を承認していましたが、ローマ法王も、シナを「ボルシェビストによる侵略の危機に、世界中で最も直接的に、そして最も確実に晒されている地域である」と述べ、シナにおける共産主義者たちを相手とする日本の闘いに無条件で協力する姿勢を示していました。[158]

九　共産主義体制の拡大を支援したＦＤＲと共謀者たち

満洲国建国の翌年から大東亜戦争の終戦直前まで米国大統領の職を務めたＦＤＲが強力な共産主義支援者であったこと、およびＦＤＲ政権内に多数の共産主義者とソ連のスパイが働いていたことは、既述のとおりです。[159] ＦＤＲをよく知る前出の元米国連邦下院議員ハミルトン・フィッシュによると、ＦＤＲはウィルソン政権の下で海軍次官補を務めていた時（一九一三－一九二〇年）に、ウィルソン大統領の国際連盟寄りの国際社会主義政策の影響を強く受け、徐々に社会主義者となり共産主義に傾倒していったということです。[160]

ＦＤＲは、第二次世界大戦中にソ連に対して当時の金額で百十億ドル相当の大量物資を貸与しただ

158　一九三七年十月十五日付のニューヨーク・タイムズに、バチカン発ＡＰ通信伝として次の内容が報道されている。バチカンの情報源によると、シナにおける共産主義者たちに敵対する日本の軍事行動を容認するという方針が、日支間の争いに関する教会の立場を明確に記した私的な回状に記されているということである。極東地域のカトリック教会の代表者たちは、この方針に沿って行動すべきという指示を受領したと言われている。同バチカン情報源が断言するところによると、この私的な回状には八つの具体的な指示が含まれており、その中のより重要な指示の概要は次のとおりである。

「ボルシェビストの支配権が活発に行使されていると思われる場合、それがどこであろうとも無条件で日本人の活動を支援すること。」

「完全なる協力を施すことに対する何らの障害もカトリック教会側には存在しないという明確な印象を、日本の軍部責任者に与えること。」

（ただし、同記事には、カトリック・フォーリン・ミッション・ソサエティ・オブ・アメリカの責任者であるジェームズ・エドワード・ウォルシュ（James Edward Walsh）司教が、かかる指示の存在を否定していることも記されている。）

159　注16、21、22、39を参照のこと。

160　Fish、序文ＸＸ頁および本文七―八頁。

けでなく、遅くともヤルタ会談の十五ヶ月前である一九四三年九月には、欧州をソ連の支配下に置くことを計画していたのです。一九四三年九月三日にＦＤＲがホワイトハウスにおいてスペルマン（Spellman）枢機卿（当時は司教）に対して次の内容を語ったことが、スペルマン枢機卿の日記に記されています。

世界はいくつかの勢力圏に分けられることになるであろう。シナは極東を獲得し、米国は太平洋、英国とロシアは欧州とアフリカを手に入れることになる。しかし、英国は優勢的な植民地権益を有しているため、ロシアが欧州を優勢的に支配することになると考えられる。あまり期待はできないことではあるが、ロシアによる欧州侵略が過度に無慈悲なものとならないことを願っている。私（ＦＤＲ）はチャーチルよりもスターリンとの方が理解し合えると思っている。チャーチルは過度な理想主義者であるが、私もスターリンも現実主義者である。特定の範囲外にロシアの勢力を拡大しないという約束をスターリンから取り付けたいと思うが、恐らく無理であろう。スターリンは確実にフィンランド、バルト諸国、ポーランドの東半分、そしてベッサラビアを取得することになる。何れにしても彼にはそれらを奪う力があるのだから、スターリンの希望に反対しても意味はない。ロシアは共産主義的な政府をドイツ、オーストリア、そしてその他諸国のために指定しており、それらが各国に共産主義政権を樹立することが想定されるが、連合国としてそれを妨げる行動は何ら考えていない。従って、共産主義体制は拡大することになるであろう。しかし、我々はロシアの素晴らしい経済業績を見落としてはならない。ロシアの財政は健全である。ロシアに順応するために、欧州諸国が激しい変革を遂げなければならないことは当然のことであるが、十年から二十年の間に、欧州の影響によってロシアの野蛮性が軽減することを願っている。欧州人は、十年から二十年のうちにはロシア人と共存することが可能となるであろうという希望をもって、ロシアによる支配に耐えなければならない。合意が可能となるため、ロシアは資本主義体制の四十％を獲得し、資本主義者たちは資本主義体制の六十％のみを維持することとなることを願っている。[161]

そして、ソ連軍に欧州を占領させるために、米軍はベルリン、プラハ、ウィーンの攻略をソ連に譲ったのでした。一九四八年九月二十三日付のニューヨーク・タイムズには、「米国陸軍は、他の西側連合国の部隊と共に、ソ連軍よりも先にベルリンに到達することが可能であったが、政治的合意によってその栄誉をロシアに譲ることになっていたため、西側連合国の部隊は、事前に決められていた位置に留まった」と書かれていますが、これはソ連に欧州の少なくともドイツ以東を占領させるために、ノルマンディー上陸後の米軍によるドイツ侵攻を米国政府が意図的に遅らせることによって実現させ

161　Robert I. Gannon 著、『The Cardinal Spellman Story』（Doubleday & Company, Inc., 1962）、二百二十二―二百二十四頁。

たものでした。

一九四一年の独ソ戦開戦以来、一九四三年秋にいたっても主たる戦線はソ連国境内に留まっており、ソ連は苦戦していました。そのためにソ連は英米政府に対して、ドイツ軍の戦力を分散させるために、二つ目の戦線をドイツの西側（すなわちフランス内）に早急に構築することを要求していました。[162]しかし英米軍は一九四三年九月にはすでにイタリアに上陸しており、英米人の多くは欧州における二番目の戦線はイタリアに構築することが最も合理的であると考えていました。一九四三年九月十二日付のニューヨーク・タイムズの記事は、もしソ連軍がドイツを占拠することとなると、ソ連はチェコスロヴァキア、ユーゴスラヴィア、そしておそらくフランスまでも支配するようになる可能性があるため、英米軍がイタリアで戦線を築くことによってソ連軍よりも早くドイツに到達できることが可能となったことは喜ぶべきことである、と述べています。当時欧州における連合国軍最高司令官であったドワイト・D・アイゼンハワー（Dwight D. Eisenhower）も、テヘラン会議の直前に開かれたカイロ会談において、イタリア戦線について「フランス、バルカン諸国、そしてライヒ自体を含むドイツ組織全体を効果的に脅かすという目的からして、そこが最良の場所である。さらに、そこの方が我々の空軍はドイツの重要な標的により近距離に位置することとなる」と一九四三年十一月二十六日に語っています。[163]しかしスペルマン枢機卿の日記（注161）に記されているとおり、この数ヶ月も前にすでにＦＤＲは欧州の大分部をソ連に支配させるつもりでいたのです。

チャーチルもテヘラン会議（一九四三年十一月二十八日―十二月一日）で、北イタリア、バルカン諸国、ルーマニア、およびその他南欧のドイツに従属する諸国を、イタリアを起点とする南欧戦線における一連の軍事行動によって徐々に攻略することによってドイツを打ち負かすことができる、と強く主張しました。ソ連から見ると、チャーチルのかかる主張の意図がソ連軍によるベルリン侵攻を妨げ、さらに英米軍が欧州の南東部を占領することによって、ソ連の西側国境に開口部を設けることにあることは、明らかでした。[164]そこで、会議期間中の十一月二十九日の夜に、ＦＤＲの信頼が最も厚かった特別補佐官であり、ソ連のエージェントであったとも言われるハリー・ホプキンス[165]（Harry Hopkins）がチャーチルを英国大使館に訪ね、「イギリス海峡を渡っての攻撃の重要性に関する米国の考えは何ヶ月も前に固まっています」と述べ、ソ連の考えも同様に堅いものであるから、チャーチルは潔く譲るべきで

162　一九四三年七月二十九日付ニューヨーク・タイムズ、「Second Front Call Renewed」。一九四三年九月二十二日付ニューヨーク・タイムズ、「Russians Resume Second Front Plea」。

163　USFR, The Conferences at Cairo and Tehran, 1943、三百五十九—三百六十一頁。

164　Andrei Gromyko 著、『Memoirs』(Doubleday, 1990)、七十九頁。

165　一九四一年九月二十二日付の米国雑誌「Life」は、「Harry L. Hopkins: Lender and Spender」という記事の中で、ホプキンスは米国の将来に対してＦＤＲの次に影響力を有しており、ホワイトハウスに住み込み、ＦＤＲの側に一日中いる、と記している。第二次世界大戦中に米国でソ連のスパイとして活動していたイスハーク・アフメローフ（Iskhak Akhmerov）はホプキンスのことを、戦時中の米国においてソ連の最も重要なエージェントであったと述

あることを忠告したと言われています。[166] 結局チャーチルはＦＤＲ（ホプキンス）とスターリンに押し切られ、南欧戦線への軍事力集中を諦めノルマンディー上陸作戦を一九四四年五月に実行することに、その翌日に合意しました。[167] 因みに、ノルマンディー戦における連合国軍側の死傷者数は約二十一万人に上り、さらに連合国軍の空爆により約二万人のフランス民間人が殺害されました。

なお、テヘラン会議とヤルタ会談でＦＤＲの通訳を務めた前出のボーリンは回顧録の中で、テヘラン会議の期間中チャーチルは英国大使館に滞在していたが、ＦＤＲはスターリンの招待でソ連が管理する施設に滞在していたこと、およびＦＤＲが、インドの独立についてはチャーチルと話さない方がよいと前置きしたうえで、インドの最良の解決策は「ソヴィエトの線に沿った」下層階級の手による改革である、とスターリンに述べ、これに対してスターリンは、それは革命を意味するものである、と返答したことなども記しています。[168]

英米軍が一九四四年五月に西欧州に第二戦線を構築（ノルマンディー上陸）することがテヘラン会議において決まり、「政治的合意」によってソ連赤軍が中欧を侵略することが確実となると、ソ連赤軍がその最中に中欧で実行することが明確に予想された無制限の虐殺行為から国民の目を逸らす目的で、英国情報省は一九四四年二月二十九日付で、英国放送協会とキリスト教教会関係者に対して、英国情報省が捏造する日本とドイツの「残虐行為」の流布への協力を依頼する次の内容の書面を交付しています。

「私は、以下の回状を貴下に送るように、本省から指示を受けております。我々と連合している者たちの異常な行為を見て見ぬふりをすることが、多くの場合、善良な市民、そして敬虔なキリスト教徒の義務であるとされています。

べている（Christopher Andrew および Oleg Gordievsky 著、『KGF: The Inside Story』(Harper Collins Publishers, 1990)、二百八十七頁）。ソ連に対する軍需品などの貸与プログラムの一環として一九四〇年代に原子力爆弾関連物資がソ連に渡されようとしていることを防ごうとした陸軍の行為がホプキンスによって覆されてしまった、という内容の証言を連邦議会聴聞会に呼ばれた証人が行ったことに関連して、ジョージ・C・マーシャル（George C. Marshall）元帥は一九五七年に行われたインタヴューの中で、「大統領との関係でのホプキンスの仕事はロシアの権益を代理することであった。私の仕事は米国の権益を代理することであった。私は、我が国の安全保障を危険に晒すこととなるような、不適切な気前のよさには反対していた。私は時に与え過ぎていると思う場合もあったが、ホプキンスは与えなさ過ぎると思っていたのであり、常にそのような状況であった」と述べている。（Recorded Interview with General George C. Marshall, January 22, 1957, by Forrest C. Pogue, Sgt. Heffner ran the machine, Tape 10M、三十五頁）。

166　Bohlen、百四十八頁。テヘラン会議の時点で、他の者が間に介入する余地が無いほどFDRのホプキンスへの依存度は強まっており、ホプキンスの影響力は最高の権威を誇っていた、とボーリンは回想している。

167　USFR, The Conferences at Cairo and Tehran, 1943、五百六十三—五百六十四頁。

168　Bohlen、百三十五—百四十一頁。

しかし、我々による行動が求められている場合には、我々はかかる異常行為を、公衆に対してはやはり否定するものの考慮しなければならない時があるのです。

ロシアのボルシェビキ独裁者がロシア国内で用いている支配の手法については、例えば過去二十年の間に首相（チャーチル）自身の著作物や演説によっても、我々は認識しています。我々は、赤軍が一九二〇年にポーランドにおいて、そしてつい最近ではフィンランド、エストニア、ラトヴィア、ガリシアおよびベッサラビアにおいて、どのような行為に及んだかを知っています。

従って我々は、赤軍が中央ヨーロッパを侵略する際に確実に行うであろう行為を考慮する必要があるのです。結果として生じることとなる、不可避であることが明白な惨事は、事前の対応策が採られない限り、この国の世論に過度の緊張を生じさせることとなるでしょう。

我々にはボルシェビキを改めさせることはできませんが、ボルシェビキの行為によって生じることとなる結果から、ボルシェビキおよび我々自身を保護するために、最善の努力を尽くすことはできるのです。過去四半世紀に様々な事実が露見したため、単なる否定のみでは説得力に欠けることとなります。否定に代わる唯一の手段は、その対象の全体から公衆の注意を逸らすことです。

我々の敵の残虐行為を流布するプロパガンダが、注意を逸らす最良の方法であることは、経験が示しています。しかし不幸なことに、『死体工場』、『手足を切断されたベルギーの乳児たち』、『はりつけにされたカナダ人たち』の時代とは異なり、もはや公衆はそう容易には受け入れません。

そこで、本省によって過去に流布された、そして今後流布される、ドイツ人および日本人に対する様々な非難を、貴下が心の底から支持することによって公衆の注意を赤軍の行為から逸らすことができるよう、貴下の協力が真剣に求められているのです。

かかる非難の内容を貴下が信じているということを表明することによって、他の者たちを納得させることができる可能性があるのです。

H・ヒューエット（H. Hewet）、アシスタント・セクレタリー[169]」

この依頼の内容を見ると、連合国軍による残虐行為を隠蔽するために、日本やドイツの「残虐行為」が英国情報省によって過去においても捏造され、その後も捏造するつもりでいたことが強く示唆されています。果たして日本軍やドイツ軍の「残虐行為」がどれだけ連合国政府によって捏造され、主要メディアやキリスト教教会などによって世界中に流布されたことでしょうか。

実際にノルマンディー上陸作戦が開始されたのは一九四四年六月でしたが、パットン（Patton）将軍率いる部隊などの大活躍によって、米軍は予想を大きく上回る速度でフランスを横断しドイツに向かって進軍しました。しかし、ソ連軍にベルリン、プラハ、ウィーンを攻略させるという密約を知ら

169　Edward J. Rozek 著、『Allied Wartime Diplomacy』(John Wiley & Sons, Inc. 1958)、二百九―二百十頁 (Poland, Official Government Documents, Vol. LVI, Doc. 78. からの引用)。

されていなかったパットンがそれらの都市攻略に向けて快進撃を続けないように、米国政府は数回にわたりその進軍を止めなければなりませんでした。パットンの進軍を止め、ソ連軍にベルリン、プラハ、ウィーンを攻略させた理由について、上官であるアイゼンハワーからパットンは、少なくとも二回説明を受けていますが、何れもパットンには納得のいかないものでした。

一回目の説明は、進軍の最中である一九四五年四月十一日にされたもので、ベルリン攻略は戦術的にも戦略的にも何の価値もなく、何十万人ものドイツ人、戦争難民、捕虜などの面倒を見ることを米軍が強いられることとなる、というものでした。これに対してパットンは、「貴方かどうやってそんなことを考えついたのか、私には理解できない。我々はベルリンを早期に攻略して、さらに東のオーデル川に向かうべきだ」と答えています。[170]

二回目の説明は、ドイツ降伏後の一九四五年八月一日にされたものであり、その内容は、テヘラン会議においてノルマンディー上陸作戦では英米軍がライン川を渡ることすらできないと判断したチャーチルがFDRを説得し、ソ連軍がベルリンとウィーンに侵攻することを二人でスターリンに依頼し、ベルリンの西約百マイルの線までソ連軍が進行することをその時に了承した、というものでした。この説明に対してパットンは、この日の日記に「これは大きな誤りであった。もし我々がドナウ川とベルリンまで侵攻していれば、ドイツの農業の大部分を救うことができたし、欧州の二つの主要都市をロシア人に侵略させるという、『悲惨な犯罪』および『威信の甚大な損失』を防ぐことができたのである」と記しています。[171] しかし、そもそもこの八月一日の説明は、右で述べたように、チャーチルがテヘラン会議においてソ連による中欧侵略を阻止しようと努めていた事実と明らかに矛盾するものであります。

ドイツの敗北がすでに明白となっていた一九四五年二月のヤルタ会談において、戦後ドイツを英米仏ソの四ヶ国で分割管理することが合意されました。ソ連軍によるベルリン包囲がほぼ完了した一九四五年四月二十四日に発せられた米国のドイツ占領計画に基づき、パットン率いる米陸軍第三軍はバヴァリア地方東部を統治することとなりました。当該地区内には七百万人のドイツ人、二百万人のホームレス、そして五十万人の米陸軍第三軍兵士が生活し、[172] パットンは現地の行政官の役職に有能で反共産主義の者たちを登用しました。

しかし、米軍統治対象地区内においてもソ連や共産主義者たちの従僕を行政職に就かせ、共産主義勢力を拡大させようと、この時も米国人ジャーナリストたちがメディアを利用したプロパガンダ活動を開始したのです。反共産主義の急先鋒であったパットンを貶めようと、ニューヨーク・タイムズ、ニューヨーク・ヘラルド・トリビューンおよびシカゴ・デイリー・ニュースの特派員が、「真実の特定の部分のみを抜出し、彼らの質問への回答に対して彼らの目的に合わせた解釈を加え、パットン将

170　Martin Blumenson 著、『The Patton Papers 1940-1945』（Da Capo Press, 1974）、六百八十五頁。
171　同右、七百三十二―七百三十三頁。
172　同右、七百六頁。

軍の信用の失墜を謀っていた」、と当時パットンの参謀長を務めていたホバート・ゲイ（Hobart Gay）は述べています。また、ハーバート・フーバー（Herbert Hoover）元大統領が現地に秘密裡に派遣していた著名なジャーナリストであるフランク・E・メイソン（Frank E. Mason）は、ニューヨーク・タイムズおよびニューヨーク・ヘラルド・トリビューンの特派員達が「［ニューヨークのリベラル系新聞である］ＰＭによるドイツ内共産主義政府に対する援護活動の支援に就いた」、と一九四五年九月二十六日にフーバー元大統領その他に報告しています。[173]

一九四五年七月二十一日付のパットン夫人に宛てた手紙の中でパットンは、「ベルリンの状態を見て私は憂鬱になってしまった。我々は、良き民族と成り得る人々を崩壊させてしまい、今、我々は彼らを野蛮なモンゴル人（ロシア人）で置き換えようとしている。そして欧州全体が共産主義化されようとしているのだ」と記しています。[174] このような認識は、戦後の欧州復興作業に携わっている有識者の間で共有されていたものでした。一九四五年八月十八日にパットンがフランス陸軍のアルフォン・ジュアン（Alphonse Juin）将軍とパリにおいて夕食を共にした際に、ジュアンが「英国人および米国人が欧州で唯一健全な国を破壊してしまったことにより、ロシア共産主義のための道が今日用意されてしまったことは、本当に不幸なことです」と語ったことを、パットンは日記に記しています。[175]

一九四五年八月三十一日のパットン夫人に宛てた手紙には、「私はこの地を離れたら退役しようと考えている。アイゼンハワーもジョージ・マーシャルも、人々がどこに向かわされているのかを知っているが、私には決して話そうとしない。実際に、ドイツ人が欧州に残された唯一まともな人たちだ」

という旨が書かれていました。[176]そしてパットンは、アイゼンハワーに対する失望を「大統領選に出ようとしている者に気骨があろうはずがない」という言葉で示したのでした。[177]

米国政府内の一部の者とその協力者たちによってドイツ崩壊後の欧州の共産主義化が推し進められている現実を強く懸念したパットンは、「米国は思っていることを恐れずに語ることのできる正直な者を必要としている」[178]と考え、仕掛りの職務を遂行した後に退役し、活発な言論活動の「総攻撃」をかける予定でいました。[179]そして、一九四五年十二月十日に予定されていた帰国後に退役する考えを夫人に伝える手紙を十二月五日に送った四日後に、乗車中の車に米軍トラックが衝突する事故に遭い、二週間後に病院で死亡するという不慮の最期を迎えることとなったのでした。この事故によってパットン以外誰一人怪我を負った者がいなかったなど、状況に不自然な点が多くあったため、いまだにパッ

173　同右、七百六十二―七百六十三頁。
174　同右、七百三十一頁。
175　同右、七百三十九頁。
176　同右、七百四十四頁。
177　同右、八百頁。
178　同右、七百九十八頁。
179　同右、八百頁。

トンは暗殺されたという説が根強く語られています。[180]

そして、米国の政治上の判断が世界中で共産主義勢力を拡大させてしまったという事実については、パットンと同様の任務を極東の地で遂行していたダグラス・マッカーサーも強く認識していたのでした。一九五〇年六月に朝鮮戦争が勃発し、北朝鮮側に参戦した中華人民共和国との全面戦争を主張したために、一九五一年四月に連合国軍最高司令官の職を解かれたマッカーサーのかかる認識は、その翌月の米連邦上院軍事外交合同委員会における本人の「我々が過去百年間に太平洋地域で犯した最大の政治上の失策は、共産主義者たちがシナに於いて強大な勢力に成長することを許したことである」という発言に明確に表れており、その失策は「根本的なものであり、この先百年間、米国はその報いを受けることになるであろう」とまで述べているのです。[181]

以上、一八七二年にマルクスが第一インターナショナルの本部を米国内に移設してから一九五一年にマッカーサーが連合国軍最高司令官の職を解かれるまでの米国と共産主義との関係を断片的に記しましたが、これがGHQが日本を占領していた時期の米国を取巻く状況だったのです。したがって、日本が戦後七十年歩んできた、そしてこれから歩もうとしている道が、マルクスがコミュニスト・マニフェストの中で共産主義革命家のために示した道と、多くの点で交差しているように見えるのは、決して偶然ではないのです。

ボルシェビキ革命前の一九一一年に英米人が記した日本の外交史は、まだ共産主義の影響を強く受けていないため、今日の多くの日本人が知らない日本を語ってくれます。

180　Robert K. Wilcox 著、『Target Patton: The Plot to Assassinate General George S. Patton』（Regency Publishing, Inc., 2008）など。

181　米国上院議会軍事および外交委員会編、『Military Situation in the Far East: Hearings Before the Committee on Armed Services and the Committee on Foreign Relations, United States Senate, Eighty-second Congress, First Session, to Conduct an Inquiry into the Military Situation in the Far East and the Facts Surrounding the Relief of General of the Army Douglas MacArthur from His Assignments in That Area』(U.S. Government Printing Office, 1951), Part 1、三十二頁。

第二部

ブリタニカ百科事典（一九一一年版）記載の日本外交史（参考訳）

一　古代および中世における諸外国との交わり

西暦八世紀以前から、日本がシナおよび朝鮮と交易を行っていたことに、疑いの余地はない。その当初より、海外との交易は政府の独占事業と見做されていたようである。外国人は、役人による検閲のために自分の荷物を提出し、かつ、武器を取得しないことを条件に国内を自由に移動することが許されたが、輸入したすべての商品は、初めに公的な査定官によって買い取られ、その後、随意に設定された価格で、査定官によって他の者たちに転売された。国内の騒乱を原因とする際限のない軍事費用を賄うために、常時資金を必用としていた足利将軍の時代（十四、十五および十六世紀）には、シナとの交易がより重要視されるようになった。かかる経済的困窮の中で、足利将軍は財源の一つとして、この隣接する帝国に目を向けたのである。この考えは、将軍足利尊氏が天龍寺を創建した際に、とある僧侶が提案したもののようである。

商品を積載した二隻の船が艤装され、この事業は毎年繰り返されるものとされた。しかし、この二つの帝国間における交易関係が開始してから数年後に、シナ人の明朝がモンゴル人の元朝を排したこと、および日本の海賊や富を求める冒険家たちによるシナ沿岸部の襲撃行為をその理由の一つとして、かかる関係は中断してしまった。将軍足利義満（在職一三六八—一三九四年）は交易の再開に成功したが、その目的達成のために、日本から送られる物品が貢物としての性格を有するものとすること、および、義満自身がシナ皇帝の特使から叙任を受けることに同意した。当時の南京政府は一定数の割符（勘合）を発行し、足利将軍はそれらを、この隣接する帝国との交易の主要な港として長年利用されていた長州の領主である大内家に与えた。

船荷の内、貢物が占める割合はほんの一部でしかなく、船荷の大部分はシナ国内の政府の倉庫に搬入され、それらに対する支払いは銅貨をもって行われた。これらの物品は元々、高名な寺院や諸地方の統治者からの献上品であったり、大内家から強制的に取得した寄贈品であったため、足利将軍に原価は生じておらず、足利将軍はこれらの取引によって多大な利益を得ることができた。シナ政府からの贈呈品やシナから出荷された物品は、将軍が任命した査定人が設定した価格において、日本国内の身分の高い家族の間に専断的に分配された。したがって、足利将軍はこの事業によって確実に多額の利益を上げることができたのである。

競争が存在しないため、それぞれの国の生産物および製造品は、相手国の市場において容易に買手を見つけることが可能であり、この交易は大内家にも大きな利益をもたらした。シナで最も好まれた品物は、刀剣、扇、屏風、漆器、銅および瑪瑙《めのう》であり、日本に持ち帰られた品物は、金襴その他の絹織物、陶磁器、翡翠および香木であった。シナ人は日本の見事な刀剣の真価を認めていたようである。当初シナ人は一対の刀身に対して十二ギニーに等しい金額を支払うことを厭わなかったが、日本からの供給量が増すと共に徐々に価格が下落し、十六世紀の初めには、貢物の補足品という名目でシナに持ち込まれた大量かつ常に増加し続ける物品に対して満足のゆく金額が得られるように、日本の使節団はその外交術のすべてを駆使しなければならなかった。仏教の僧侶らによる明敏な論法がシナの権限当局の支出に対する躊躇を常に覆し、僧侶らの主である将軍のために適切な利益を確保することができることを経験が示していたため、通常、仏教の僧侶らが使節に任命される栄誉を拝していた。この貢物を運ぶ使節団は、一六世紀の中頃に、大内家の没落および足利幕府の崩壊と共に途絶えることとなり、その後再開されることはなかった。

朝鮮との交わり

中世における日本の朝鮮との交易は、シナとのそれと比較してさほど形式ばったものではなかった。朝鮮政府から通航証を取得することは必要とされていなかったのである。貿易業者は、対馬を領地とする宗家からの許可証を携えてさえいれば充分であった。朝鮮内に存在していた日本人居留地三ヶ所に向けて、年間五十隻の船が、日本の諸港から航行することが許可されていた。この交易の性質に関してはほとんど記録されていないが、地元の朝鮮人当局による何らかの専横的な処置に憤慨した日本人居留地の住民が、武器を執り（西暦一五一〇年）それらの朝鮮人を完敗させたことによって、交易は突然中断されてしまった。かかる形勢はソウルから派遣された軍隊によって逆転し、日本人はこれら三つの居留地を放棄することを余儀なくされたのであった。

その後、本紛争に対してそれまで関心を抱いていなかった足利幕府は、友好的な提案をもって朝鮮に接し、かかる襲撃の首謀者たちを斬首し、それらの首をソウルに届けることで合意した。日本側がこの条件を遵守したことは、隣人としての友好関係に対して日本がどれほどの価値を置いていたかを示していると言えるものであろう。それからは、船の数は年間二十五隻に制限され、居留地は破棄された。その何年かの後に、日本人が再び自己主張のために暴力行為に訴えたが、この時には、かかる犯人らが将軍義晴の命によって捕らえられ罰を受けさせるために朝鮮に引き渡されたものの、ソウルの朝廷は、居留地制度の復活および従前通りの交易の再開に対する拒否を固持した。それから五十年後に、太閤の軍隊が朝鮮に侵攻し、そこを七年間圧倒し、一五九八年に撤退した時には、海を越えて商業活動を営むほどの魅力をもはや何ら呈しないほどにまでに国は貧窮していた。

西洋諸国との交わり

正確な日付は判明していないが、一五四二年または一五四三年に、ポルトガル人は偶然日本を発見した。シャムからマカオに向けての航行中に、三人のポルトガル人を乗せた平底帆船が強風によって航路から外れ、薩摩地方の南部に浮かぶ小島である種子島に漂着した。常に親切で探究心が旺盛な日本人は、この新来者を快く迎え入れると同時に、ポルトガル人が所有していた火縄銃に特別な関心を示した。当時日本では小火器は珍しく、さらに、戦用の武器すべてに対する需要が高かったためである。もちろん会話は不可能であったが、砂の上に表意文字を描くことによって、シナ人船員の一人が彼らの船の漂着の理由を説明することに成功した。その後、その船はより大きな港へと案内され、ポルトガル人が火縄銃二丁を地元の領主に売却すると、同領主はただちに配下の武具師に対して同様の武器の製造を命じた。この発見の報は、間も無く東洋中のポルトガル人居留地のすべてに伝わり、この新たな市場を開拓するために、少なくとも七つの遠征隊がその後数年の間に組織された。それらの目的地のすべては九州内に在り、そこがキリスト教布教者のドラマが最終的に悲劇へと転じた、そして、一五四二年から一六三七年までの間に行われた欧州との交易の、主たる舞台となったのである。

イエズス会士の来着

マカオ、ゴア、およびその他の東洋におけるポルトガル人の影響力の拠点にいたイエズス会士らは、この日本の発見にただちに乗じたわけではなかったようである。宣教師の先駆者はフランシスコ・ザビエル（Francis Xavier）であり、彼は一五四九年八月十五日に鹿児島に上陸した。種子島に平底帆船が漂着してからそれまでの六年（または七年）の間に、ポルトガル人は九州の諸港で自由に交易を行い、また、京都を訪問し、日本の首都には九万六千軒の人家があり、よってそれがリスボンよりも大きい都市であることを報告している。彼の同胞らによる報告には、日本人は「教えを受けることを強く望んでいる」と描かれており、ザビエルも「これらのインド諸国の、野蛮かつ不道徳で美徳に対する志向がない」住民が住む地よりも、他により見込みのある地を見つけることを切望していたため、ザビエルは特別に促されることがなかったとしても確実に日本へ行ったであろうと思われる。しかし、実際には二つの特別な決定要因が存在した。一つは、とある領主（豊後の領主であったと言われている）がゴアに居たインド諸国の総督に宛てた要請であり、もう一つは、神父らは「アンジロー」と呼んでいたが、後に「パウロ・デ・サンタ・フェ」とう洗礼名で名声を得ることとなった、弥次郎という名の日本人が直接行った請願である。

この日本のとある領主が執った行動の理由として、信頼し得るものは歴史上に何ら示されてはいない。おそらくは、当時の日本人のほぼ全員がそうであったように、自分の信条に偏執することの全くなかった領主が、ポルトガルの貿易商人から、母国の宣教師たちが有する高潔な信心に関する話を聞き好奇心を刺激され、一部は好奇心から、そして一部は進歩に対する真摯な願望から、かかる招待状を送ったものと思われる。

アンジローの場合は全く異なるものであった。後悔の念に苛まれ、そして、自身の邪悪な行為が残忍な結果を引き起こすこととなることを恐れたアンジローは、海外に逃げ場を求め一五四八年にポルトガル船に乗り込み、そしてその船長に、ザビエルに懺悔するためにマラッカへ行くことを勧められたのであった。すでにポルトガル語を話すことができたアンジローは、短期間でザビエルとその仲間の宣教師たちの通訳が務まるまでにそれを習得し（その助けがなければ、日本語の難解さを前にして彼らは長期間なす術を得なかったであろう）、さらに、かかる語学能力に加えてアンジローは非凡なる知性と記憶力に恵まれていたため、イエズス会士らの目に彼が神意の賜物と映ったとしても不思議ではなかった。ザビエルは、二名のポルトガル人同伴者とアンジローと共に、薩摩の諸領主から手厚く迎え入れられ、領地内のあらゆる場所で教義を説く許可を与えられた。しかし、かかる許可がこの外国の宗教に対する正式な共感の証であると解することはできない。商業上の斟酌のみが働いていたのである。

当時の日本の領主たちは、富および武力の源泉のすべてを精力的に育む必要があったのであり、新規に開かれた外界との交易は輝かしい未来への約束に溢れているように思えたため、十六世紀における各領主は、十五世紀の足利将軍と同様に、その独占を確保することを切望した。薩摩の大名は、鹿児島内におけるそれらイエズス会士らの存在が確実に交易船の到来の前触れとなるであろうと信じさせられていた。しかし、その後数ヶ月内に、期待されていた商船の一隻が、鹿児島に立ち寄ることなく平戸に向かってしまい、翌年には他の二隻もその例に従ったため、薩摩領主は弱小な競争相手である平戸の松平氏のために自分が侮辱されたものと捉えた。この出来事は薩摩領主による反感を確実に招くこととなったが、その他にも、もう一つの影響力が働いていたのである。

仏教は常に異教に寛容な宗教であり、様々な考えを受け入れる非排他的なものである。一方ザビエルは、その時代に存在した偏狭的な不寛容性をすべて併せ持っていた。鹿児島の仏教の僧侶たちはザビエルを丁重にもてなし、彼がアンジローの口を通して説いた教義に敬意を持って聞き入った。たがザビエルは攻撃的で不寛容な態度をあらわにしながら応じたため、仏教の僧侶たちを驚愕させると同時に遠ざけてしまった。僧侶たちは薩摩領主に対して、そのような攻撃的な布教の態度は泰平および秩序と相容れないものであると主張し、すでに商業上の期待が外れ深く失望させられていた領主は、家臣がキリスト教を信仰することを死罪に値する罪とする布告を一五五〇年に出した。ザビエル、または、より正確にはアンジローは、百五十人の改宗に成功し、それらの改宗者は嫌がらせを受けることなく留まったが、ザビエル自身は平戸へと出航した。

ザビエルはそこで、港に停泊していた複数の商船からの一斉祝砲とポルトガル人貿易業者たちによる深い敬意の証によって迎えられ、その様子は現地の領主をして、かかる外国宣教師らの教義を礼儀をもって傾聴すべき旨の命令を発しせしめた。そして十日の内に百人の洗礼が行われたのであった。これは西洋との交わりの初期段階における日本人の一つの重要な傾向を表すものであり、キリスト教に対して丁寧な態度を示すことによって交易が育まれる場合には、権力の座に在る者は常にそのような態度を示しており、権力の座に在る者がかかる態度を示している地域では何処も、より下層の階級に属する者の相当数がこの外国の信仰を受け入れたのであった。したがって、当時の商業史を検討する場合、宗教の要素が絶えずその最前面に突き出してくるのである。

欧州人による最初の京都訪問

ザビエルは次に、京都に行くことを決意した。道中の最初の重要な町は、下関海峡の北岸に位置する長州領の首都、山口であった。その領主である大内氏は、十分丁重に、かつ好奇心を持って応対したが、交易と関係のない質素な宣教師に対して特別な温情を示すことはなく、さらに改宗活動も進展を見せなかったため、ザビエルと同伴者のフェルナンデスは京都へ足を進めることとした。時期は真冬であった。徒歩での二ヶ月に及ぶ旅の間に二人の神父はひどい窮乏に苦しみ、そして京都にたどり着いた時に目にした都市は、内戦により殆ど完全に壊滅した状態であった。

シナの「天子」を除き、当時世界で最も近づき難い君主であった天皇および将軍に謁見することは当然叶わず、彼らに残された道は街頭での説教しかなかったのであるが、生来語学に弱かったザビエルが、最も初歩的な知識しか有していなかった日本語という極めて難解な言語で、新奇な教義の神秘を解説するという試みは、異様な策であった。京都が実を結ぶことのない地であることをザビエルが確信するのには二週間で充分であった。そしてザビエルは山口に戻った。しかしこの時、ザビエルはすでに一つの教訓を学んでいたのだ。日本では、合切袋および杖、ならびに権力の座にある者の支持なしでは、宣教活動が無駄となることを経験していた。そこでザビエルは、平戸から自分の聖職服と共に、時計およびその他欧州の技術を体現した珍しい製品を取り寄せ、それらをインド総督、マラッカ領事、およびゴアの司教からの信任状と併せて長州の領主に披露した。キリスト教を説く許しを請うザビエルの嘆願は、今回は容易に叶えられ、大内氏はこの新しい宗教を提唱することを承認することと、および、その教えを受け入れることにつき完全なる自由を認めることを布告した。そしてザビエルとフェルナンデスは多くの者を改宗させることに成功し、さらに日本における成功への道は、海外交易およびそれを指揮する者らと自分たちとを関連付けることによって当該地域の領主の協力を取り付けることに在るという、有益な知識も会得したのであった。

キリスト教宣教師

最初のポルトガル人が鹿児島に上陸してからほぼ十年が経過し、その間に交易は着実かつ順調に営まれた。本州における市場の開拓は試みられず、ポルトガル人は二つの理由に基づき九州に活動を限定していた。理由の一つは、海岸線の知識を有していなかったために、未調査の海域に出て自分たちの船と命を危険に晒すことを躊躇したからであり、もう一つの理由は、本州がそのほとんど端から端まで内戦で騒然としていたことに比べ、九州は騒乱の領域外に留まり比較的静穏に包まれていたからである。ザビエルの山口における二回目の滞在時に、たまたまポルトガル船が豊後に来航しており、この偉大な宣教師は一時的にインド諸国に帰還する意図をもって、その船長の勧めにより豊後へと出発した。豊後は、九州の領主の中で薩摩領主に次いで二番目に勢力を有していた大友氏が支配していた。このイエズス会の神父は大友氏によって礼節を尽くして迎えられた。ザビエルは山口で学んだ教訓を忘れなかった。ザビエルは、豪華に飾りたて兵器を携えたポルトガル人船員のほぼ全員に護衛され、旗を翻しながら、豊後領主の邸宅へと向かった。大望を抱いていた若い統治者である大友氏は、高価な船荷と強力な武器を齎すこととなる外国人貿易業者を引き寄せることを強く願っていた。ポルトガル人貿易業者たちがザビエルに対して示した畏敬の念を目の当たりにした大友氏は、イエズス会士らの厚意を得ることの重要性を理解し、よって彼らに説教および伝道を行う完全なる自由を与えるのみでなく、突然の反乱の結果山口の領主の地位を継承することとなった彼の弟に対して、当時山口に滞在していたトレス（Torres）とフェルナンデスを擁護するよう指示を出した。豊後に約四ヶ月滞在した後、ザビエルは一五五二年二月にゴアに向かって出航し、同年十二月に他界した。

ザビエルの日本出国をもって、キリスト教布教第一期が終わった。彼の日本滞在は二十七ヶ月に及び、その間彼と彼の司教補らは約七百六十人の改宗者を得ることに成功した。薩摩では、一年を越える努力の結果百五十人の信者を獲得した。ザビエルは、薩摩では彼の教義を説明するためにアンジローの助けを利用できた。神学的な疑問を議論する場合に日本語ほど困難な言語はない。そのような目的のために必要とされる用語は一般人の間では知られておらず、解説および論述の役割を担うための準備は、特別な学習によってのみ適切に整うものと期待されるのであるが、そのためには、言うまでもなく、事前にその言語自体の正確な知識を有していなければならない。必要とされる習熟度に言語力が達した外国人が今までに一人でも存在したことがあったのか、極めて疑わしいものである。

鹿児島における改宗者の面倒を見るためにアンジローをそこに残し、ザビエルは平戸に向い、そこで数日の間に日本人百人の洗礼を行った。ザビエル自身の記録には、彼の平戸での布教活動について、「我々の誰も日本語の知識を有していなかった」と記されている。では彼らは如何にして活動したのであろうか。（ザビエルの筆による論文をアンジローが翻訳したものである）「片側が日本語の巻物を朗唱することによって」、「そして、説教を説くことによって、我々はキリスト信仰に幾人かを引き入れた」のである。一五五〇年に平戸の島において日本人の聴衆に向ってポルトガル語又はラテン語で説かれた説教では、知的な興味を引き寄せることはほとんどできなかったであろう。

ザビエルが初めて山口を訪問した時には、彼の聴衆の理解を得る手段は、フェルナンデスが十四ヶ月の間に習得することができた初歩的な日本語の知識に限られており、現代でさえそのような学習期間では、現在入手し得るすべての助けを活用したとしても、就学者が話し言葉の範囲を超えるには不十分であろう。一人も改宗させることができなかったのである。山口の人々はおそらく、これら外国から来た哲学者の立派な信仰心と献身に敬服したであろうが、彼らの教義については理解できるものではなかった。京都でも同じ経験が繰り返されたが、肉体的な辛苦がそれに加わった。

しかし、一五五一年の初秋にイエズス会士らが山口に戻った時には、彼らは五百人の洗礼を行い、その中には武家も何名か存在した。だがその時も、フェルナンデスの不完全な日本語がキリスト教の深遠な教義を伝える唯一の手段であったのである。従って、宣教師らによる説教の効果は、地元領主の姿勢が与え得る効果と比べると、遥かに小さなものであったと結論付けられる。

キリスト教布教の第二期

ザビエルが日本を離れた後は、日本にはトレスとフェルナンデスの二人の宣教師しか残っていなかったが、間もなく他の三人が彼らに加わった。これらの新来者は鹿児島に上陸し、そして、そこの領主がキリスト教の信仰を公式に禁止したにも拘らず外国との交易を育む希望を少しも失っていないことを知った。その二年後に、日本に居るイエズス会士全員が豊後に集結した。彼らの唯一の教会がそこにあり、また、彼らはそこに病院を二つ建てていた。彼らは山口における騒動によってそこから引き揚げることを余儀なくされていたが、これは、イエズス会士たちと山口の仏教僧侶たちとの間の激しい紛争を理由に、そこの領主が、過去に鹿児島でなされたように、この外国宗教を禁止することとした後のことであった。

一五七九年にイエズス会士たちは、豊後の主要都市である府内からローマに居る彼らの総会長に対して年次報告書を送り始めた。「年次書簡」として知られるこれらの報告書は、当時の日本の状況に関して存在する情報の中で最も貴重なものを含んでいる。それらは下層階級の者の悲惨な貧困状態を記しており、その貧困とは、飢えた両親による子供の間引きが日常的に行われ、場合によっては共食いと餓死の選択を迫られるというほどの残酷なものであった。二百年以上もの間、各領主が自身の所領を守る、または拡大する目的で支配権を争い、その内乱により日本が壊滅状態にあったという事実を思い起こせば、かかる難儀は容易に理解可能となる。

これらの年次書簡から、ザビエルの出国直後から数年間の事態の推移も、ある程度明確に把握することができる。新規に開始された海外交易は中断されることなしに継続した。ポルトガル船は平戸と豊後に寄港し、当時の船長と船員らは、彼らの宗教的義務を几帳面に履行するだけでなく、宣教師に対して深甚たる敬意を示したため、日本人は、イエズス会士の貿易商人らに対する影響力について、恒常的にその実例を目の当たりにすることとなった。もっとも、すでにシナではポルトガル人船員の騒々しい不行跡が語りぐさとなっていたように、この規律正しく畏敬の念に満ちた振る舞いは、その三十年後にはかかる不行跡に取って代わられてしまった。しかしながら、日本との交流の初期の段階において、商船の船員らは、彼らの模範的な行動によってキリスト教を伝道したと言えよう。

ちょうど一人の船長がキリスト教の礼拝を切望したことによってザビエルが豊後を訪問することとなったように、一五五七年に、ポルトガル人船員たちの誘いに従い、二人の神父が平戸へ向かった。そこで、神父らはヴィレラ（Vilela）の指図に基づき、平修士たちに鐘を鳴らし祈りを唱和しながら道々を行進させた。彼らは同様のことをさせる目的で、少年の集団を組織した。彼らは改宗者たちに、そして子供たちにまでも、カルバリの丘を模して自身に対して鞭を打たせ、さらに、ザビエルが連祷文や祈祷文を記した小冊子や鞭に触れると病人が治癒されるという奇跡まで演じた。これらの振る舞いが日本において驚きに満ちた注目を集めたであろうことは想像に難くない。かかる行状はさらに際立った行為によって補足されることとなった。平戸領主の家臣の一人が改宗し、彼の熱情を、仏教寺院を打ち壊し仏像を廃棄することで示したことにより、日本におけるキリスト教の歴史の大半を通してキリスト教の進展を特徴付けることとなる、暴力的活動の幕が切って落とされたのである。それに続き、キリスト教徒の墓地で十字架が倒され、平戸の寺院が焼かれ、街頭での暴動が起き、その結果イエズス会の神父たちは再び豊後に戻ることを余儀なくされたのであった。これらの出来事のすべてをたどることとは、当初キリスト教が日本人に対して自身の姿をどのように呈示していたのか、その様相を明確に理解する上で不可欠である。

ポルトガル貿易商人たちは、彼らのキリスト教に対する振る舞いが示すとおり敬虔な信者であったが、宣教活動の浮沈によって彼らの商業活動が乱されることを許さなかった。彼らはそれまでどおり平戸に出向いていたが、イエズス会士の存在には富を招く効果があるという噂が近隣の大村領に伝わると、そこの領主である純忠は、豊後に居たイエズス会士に対して、十年間すべての賦課金を免除した港の使用許可、広大な土地、宣教師たちのための住居、およびその他の特権の譲与を申し出た。イエズス会士たちはこの提案に乗ずることを急いだが、この情報が平戸に伝わるや否や、その島の領主は神父たちを追放したことを後悔し、彼らに戻るよう促したのであった。しかし神父たちが躊躇している間に一隻のポルトガル船が平戸に入港し、宣教師の存在が無くとも交易が行われたため、その領主は宣教師を懐柔する必要はないと公に宣言した。この事実が豊後に伝わると、トレスは急いで平戸に出向いた。彼はその船の船員たちによって格別の敬意をもって迎えられ、船長は「自分と同じ宗教を信仰する者を冷遇する国に留まることはできない」と宣言し、その船はトレスの勧めに基づき平戸を出港してしまった。平戸の港は数年間閉ざされたままであったが、ようやく三隻の商船が到来した。キリスト教禁止令が破棄されない限り入港しない決意でいることを彼らが伝えたことにより、領主はイエズス会士たちを再び受け入れることとした。

これと同様の出来事が数年後に天草島においても生じており、宣教師たちが自ら率直に説明するところによると、そこの弱小領主が外国との交易を引き寄せるためにキリスト教を信奉し、彼の家臣全員に対しても彼の例に従うことを命じたが、ポルトガル船が一隻も現れなかったため、彼は棄教し、家臣たちにも仏教徒に戻るように要求し、宣教師たちを引き揚げさせたということである。実際に、ポルトガル貿易商人の後援者となるための競争は非常に激しく、平戸の領主は、ポルトガル貿易商人が同領主の隣人かつ競争相手である純忠の領海を度々訪れていたため、彼らの船数隻を焼き払おうとしたほどであった。

純忠は、彼の望みが叶った時点で、最も信念の強固なキリスト教徒の一人となった。彼は強力な武力を用いて、自分の領地内全域において偶像崇拝を撲滅する任に自ら就いたが、彼の激しい不寛容さは反感を招き、新規に開かれた自由港に存在したキリスト教徒の町が破壊されるという結果を引き起こした。しかし純忠は、ただちに彼の権力をあらためて誇示し、五年後（一五六七年）にはその影響が遥か遠方まで及ぶこととなる方策を講じた。すなわち、ポルトガル人による貿易がその中心地と成る場所を得られるよう、そしてキリスト教徒が安心して避難できる場所を持つことができるよう、長崎に教会を建築したのである。当時の長崎は小さな漁村であったが、五年間で住民三万人の町に成長し、純忠は九州の領主の中で最も裕福な一人となった。

純忠は、一五七三年に近隣の諸領との争いに勝利を収め領地を獲得すると、これらの勝利はキリスト教の神の影響力のお陰であると宣言し、その後間もなくして、この外国の信仰を受け入れない者は全員追放すると布告した。その際に彼の側にイエズス会士は一人もいなかったが、ただちに二人が彼に加わり、「これらの者は、三人の日本人キリスト教徒があらゆる場所に行き神の法を説いている間に、強力な護衛を同行させてはいるものの自身の命を危険に晒しながら、地域を回り異教徒の教会をそれらの偶像と共に打ち壊させせた。近隣の諸領内に居た我々三人は、それぞれの地を引き上げこの豊かな収穫作業に従事し、七ヶ月の間に、国を捨てた少数を除く約六十の僧院の僧侶を含めた二万人が洗礼を受けた」。

当初イエズス会士が手厚く迎え入れられた豊後では、領主(大友義鎮)の十六歳という若い子息(親家)の改宗という出来事が一五七六年に起きなければ、キリスト教の宣教が成功を収めることはなかった可能性がある。その二年後には大友氏自身がキリスト教徒となった。大友氏は、単に彼自身の領内だけではなく、他の領地に対して有していた影響力をもって、計り知れない支援を施した。武力に裏付けされた大友氏の介入によって、イエズス会士は天草島への足掛かりを摑むことができたが、そこでは領主の一人が自分の家臣に対して改宗するか追放されるかの選択を迫り、そして仏教の僧侶たちに対しては、キリスト教を受け入れなければそれらの財産を没収し僧侶自身も追放すると告げた。その領地内の殆どすべての住民は、それぞれの家のために自己の良心に背くこととなったのであった。当時キリスト教は九州において、イスラム教や宗教裁判の手法と同様の手法に基づき確立されていった。

もう一つの注目に値する実例は、純忠(大村)の領地に接した有馬領における出来事であり、そこでは、家臣にキリスト教信仰を強要するために、決然たる手法が採られた。さらに、これら二つの領地の領主たちは兄弟であったことから、純忠の極めて劇的な改宗の際に、イエズス会士たちは有馬に招待され、口之津と島原の港に居留地を設立することを奨励され、その後それらの港にはポルトガル商船が頻繁に寄港するようになった。その領地は必然的に、純忠の偶像破壊という方法による布教の結果生じた騒乱に巻き込まれることとなった。しかし、当時統治していた領主(有馬義貞)は、キリスト教の神の守護神としての擁護の賜物であると純忠が公言していた純忠の繁栄および勢力という実例に強く影響され、一五七六年に洗礼を受け、宣教師の記録上「プリンス・アンデレ」となった。これらの記録には「プリンス・アンデレが洗礼後に初めにしたことは、彼の領地の首都の主寺院を教会に転換し、その収入をその建物の維持および宣教師たちの支援に割当てたことである。そして彼は、同じことが彼の領地内の他の町でも行われるように策を講じ、その他のすべての事柄に関しても福音の伝道者たちを手厚く援助したため、間も無く彼の国には偶像崇拝者が一人もいなくなるであろうと自負した」と記されている。そして彼の洗礼から死までの二年の間に、有馬領内において二万人が改宗した。

しかし彼の後継者はその外国宗教の敵であった。彼はイエズス会士らに彼の領地から出て行くことを命じ、改宗者たちに彼らの先祖代々の信仰に戻ることを要求し、「神聖なる場所が破壊され、十字架が破棄される」ようにした。彼の圧力の下、半数近くの改宗者が棄教したが、他の者は、その効果がすでに証明済みであった一つの手法を頼みとした。彼らは口之津を集団で去ると脅したのであり、そうなると外国との交易が失われてしまうこととなるため、この敵対的な命令は、実質的に修正されることとなった。

これと同じ攻撃手法によって、キリスト教徒たちはより注目に値する勝利を収めることとなったのであった。丁度その時に、毎年来航するようになっていたマカオからの大型船が巡察師ヴァリニャーノ（Valegnani）を乗せて日本の領海内に到達していた。口之津に寄港したその船の存在自体およびそれが示唆する将来の可能性にすっかり満足したその領主は、自身が洗礼を受け入れることおよび家臣による洗礼の受け入れを承認することを申し入れたのである。深遠な政治的明敏さを有していたヴァリニャーノはこれで満足しなかった。その領地が近隣諸領地からの深刻な脅威に晒されていると判断したヴァリニャーノは、その極めて重大な危機によって生じた絶好の機会を捉えて、俗権を巧妙に利用し、その領地が存続できる方法はキリスト教を無条件に受け入れること以外にないと思わせたのであった。結果、一五八〇年に領主およびその妻が洗礼を受け、「街中のすべてがキリスト教と化して、彼らは偶像を焼却し、教会建築に必要な資材を残して四十の寺社を破壊した」。

これまでにキリスト教の布教は大きな進展を果たした。一五八二年の年次書簡には、ザビエルが日本に上陸してから三十二年が経過した一五八一年末には約十五万人の改宗者がおり、そのうち十二万五千人が九州に、残りは山口、京都、および京都の周辺地域に居たと記録されている。当時この帝国内に居たイエズス会士は七十五名であったが、一五六三年には九名を超えることはなく、一五七七年でも十八人を超えることはなかった。種を撒いた者の数からすれば、収穫は明らかに大きいものであった。しかしこの収穫は主に人工的な育成によるものであった。それは家臣の生死を決める権限を有する領主による専制的な強要に基づいたものであり、また、外国との交易を引き寄せるという願望に影響されたものであった。

仏教の僧侶たちにとっては、このキリスト教布教活動は、信条を理由とした迫害という、彼らがそれまで知らなかった経験をもたらした。彼らは政治に介入したことによって苦難を味わったことはあったが、異端に対する包容力と教えに対する受容力が顕著であった僧侶たちは、キリスト教狂信者の激しい残虐性を初めて知ることとなったのであった。クラッセ（Crasset）の言葉を借りると、豊後の大友家の衣を纏った者の中で、「坊主を獣のように追い回し、彼の領地から坊主を根絶やしにすることを彼の比類なき喜びとした」というような人間を、僧侶たちはそれまでに経験したことがなかった。

日本人初の欧州使節団

一五八二年に日本人初の使節団が長崎から欧州に向けて出航した。使節団は最年長者が十六歳以下という四人の若者で構成され、彼らは有馬、大村および豊後の領地を代表していた。彼らはロンドン、マドリッド、ローマを訪問し、すべての都市で一六世紀の欧州が喜んで誇示した壮麗さによって迎えられた。それがこの使節団を組織した際のヴァリニャーノの真の意図であった。彼は西側諸国の富と力がどれだけ偉大であるかを日本人自身の目によって確認させたかったのである。

イエズス会士による二回目の京都訪問

上記の一五八一年末時点における改宗者に関する統計資料の中で、京都のキリスト教徒について記されているが、すでに述べたように、ザビエルとフェルナンデスによる京都訪問は全く成果をあげられなかった。しかし、ヴィレラ（Vilela）による一五五九年の二回目の訪問では、より多くの成果が見られた。彼は豊後の領主からの紹介状を携えていたのであり、また、彼の旅の二次的な理由は、キリスト教に関する情報を求めていた比叡山の高名な僧院の僧侶からの招待であった。これは九州における寺社の打ち壊しと偶像の廃棄が始まる前のことであった。比叡山に到着するとヴィレラは、彼を招いた僧院次長が他界してしまっており、その長老の権限の一部しか彼の後継者に引き継がれていないことを知った。しかしながら、ヴィレラは、その僧院の僧侶の一団に対して彼の教義を説く機会を得ることができた。

続いて、「都で最も尊敬される人物の一人」と称される僧侶の紹介で、豊後の領主からの書簡の効果も手伝って、ヴィレラは京都の将軍に拝謁できる貴重な栄誉を得ることができ、将軍はヴィレラをあらゆる敬意をもって迎え、彼の住居として家を一軒用意した。それだけの恩を仏教の僧侶らから受けたのであるから、ヴィレラは仏教の僧侶らに対して丁重にふるまい、彼らの教義に対しても礼儀をもって応じたであろうと想像することは自然なことである。しかし、これらイエズス会の神父たちは、彼らの厳格な使命感を弱めることを意図したすべての影響力に対して耐性を有していたのである。ヴィレラは日本人の改宗者の口を通じて、過激な言葉で僧侶たちを攻撃し、彼らの信仰を否定した。間もなく僧侶たちの側も、イエズス会士たち自身が同様の状況に置かれたとした場合に見せたであろう執拗さだけには劣る執拗さをもって、妥協を拒むこれらの攻撃者の撲滅を試みたのであった。ヴィレラは、宣教師を傷付けたりそれらの活動を妨害した何れの者も死罪とする法令をすでに発していた将軍の好意によって、そのような危機から庇護されていた。その勇気、熱意、および献身には如何なる賛辞も及ばない、これらの驚異的な宣教師たちは、あらゆる困難および危険にも拘らず、固い決意、そして無謀さをもって懸命に働き、それらの努力は、一五六四年の時点で多くの改宗者を得て、京都から五十マイル以内の距離にある、壁で囲まれた五つの町の中に教会を設立するという成功によって報われたのであった。改宗者の中には、当初は評判となるほどの強い対立的姿勢を有し、キリスト教の教義を調査して報告する任務を公式に受けていた二人の仏教の僧侶が含まれていた。

最初の大量改宗は、上からの圧力によるものであった。首都の近隣に位置する高槻を所領とする弱小の領主である高山氏は、ヴィレラに対して公開論戦を挑み、その結果高山氏は敗北を認めキリスト教に帰依し、彼の家族と家臣にも彼の例に従うことを促した。この領主の子息高山友祥は、日本全国の中で最も意思の固いキリスト教支持者の一人であることを証明し、その結果彼には「ドン・ジュスト右近殿（Don Justo Ucondono）」という名でイエズス会士たちによって不朽の名声が与えられている。尚、この出来事は日本の侍の一つの特徴を示すものである。彼は敗北の結果を、挑戦した時の率直さと同じ率直さをもって受け入れた。それと同じ年（一五六四年）に、沢の領主であった高山氏の兄弟の一人がキリスト教徒となり、九州において純忠や他の領主たちがしたことと同様に、彼の家臣全員にその信仰を強制した。しかし、京都における実績は、商業上の動機が介入しなかったという一つの重要な点で、九州の場合と異なっていた。

信長とイエズス会士

当時の京都は、流血の騒乱の地であり、それは将軍の殺害（一五六五年）に頂点を極め、その結果天皇がキリスト教禁止令を発布することとなった。日本の中世史において、キリスト教の布教に対する天皇の介入は二回のみであり、これがその一つであった。この勅令が、将軍の暗殺者の一人と特定の僧侶らの要請に基づき出されたという証拠が存在する。三人に増えたイエズス会士は、堺に避難することを余儀なくされた。堺は、現在では大阪郊外の町の一つでしかないが、当時は大規模で豊かな商業の中心地であり、日本国内で唯一如何なる領主の統治権も認めなかった町であった。それらのイエズス会士はそれから三年後に、日本が生んだ最も偉大な名将の一人である織田信長に謁見するよう、そこから呼び出された。ザビエルが鹿児島に上陸したその年に、信長は尾張地方の比較的小さな領土であった父親の所領の後継者となった。一五六八年の時点で信長は京都に座し、将軍の擁立者となり、かつ日本の六十六地域のうち三十地域の支配者として認められていた。それほどの強大な勢力を誇っていた信長がキリスト教に対して対立的な立場を採ったならば、イエズス会士によって日本国内で灯された火は直に消されてしまったであろう。

しかし信長は、非常に広く鷹揚な視野に加えて、仏教の僧侶に対して強い敵意を有していたのであった。大規模な僧院の多くは兵力を携えた陣営と化しており、その共住者たちは戦場における攻撃と塁壁による防衛の両方に同様に長けていた。信長による影響を特に受けた一つの宗派（日蓮宗）は、信長が上洛にいたる勝利をおさめる三年前に、将軍の暗殺者らに強力な支援を提供しており、兵力を携えた数々の僧院は国家内に国家を形成していたため、信長の完全なる覇権への大望と調和するものではなかった。したがって信長は、キリスト教が仏教に反発しているためキリスト教を歓迎し、高山氏がフロイス（Froez）を堺から信長の所まで案内した時の、そのイエズス会士に向けられた待遇は、最も誠意に満ちた内容であった。その後残された十四年間の人生を通して、信長は、日本を訪れた外国人全般の、そして特に宣教師たちの、誠実な友人としてあり続けた。信長は、天皇が仏教の僧侶たちの請願に応えるために二回目の反キリスト教勅令を発布した時（一五六八年）には、イエズス会士と天皇との間に立ち、さらに、信長の新しい城が建つ琵琶湖に面した安土において教会と住居用の土地を与え、そして、キリスト教を広める希望を示した書簡を有力な諸領主に宛てた。信長は神父たちに対して立派な贈り物を頻繁に与え、神父たちが訪ねて来た時にはいつでも、彼の普段の尊大で傲慢な態度とは大きく異なる近付き易さと礼儀を示した。

　イエズス会士たち自身も信長に関して「この男は我々の信仰への道を開き用意するために神によって選ばれたように思われる」と述べている。しかし、彼らが信長を何れかの時点で改宗させることができるという希望を心に抱いていたようには見受けられない。この君主が政治的難局を打開するためには何時でも彼らを犠牲にし得ることを一五七九年に明確に示したように[1]、そのように彼らを扱うことができる者に、彼らの教義が深い印象を与えていたはずがないことを彼らは理解していたに違いない。信長の最期の行為も、安土における極度にものものしい行列や儀式によって信長自身を神格化するというものであり、涜聖が信長の目にはとるに足らないものであることを証明したものであった。しかしながら、キリスト教の宣教師に対して信長が惜しみなく供与した利益は何によっても曇らせられるものではない。

秀吉とキリスト教徒

十五および十六世紀に日本が経験した内戦による過酷な動乱が、洋の東西が輩出した最も偉大な人物の中の三人を日本への奉職のためにもたらした。彼らは織田信長、豊臣秀吉、そして徳川家康である。秀吉は信長の副官として後者の繁栄を築き上げることに大きく貢献し、一五八二年に彼の後継者となった後は帝国の六十六地域のすべてを彼自身の行政統治権の下に置いた。イエズス会士たちの関心を集めた新たな問題は、彼らの宣教活動に対して秀吉が如何なる姿勢を採るかであった。彼の権力は事実上無限であった。秀吉の一言で、彼らが多くの輝かしい努力と高貴な献身によって創り上げた体制全体を破壊することが可能であった。

彼らは直に安心させられた。この事柄に関しては、秀吉は信長の例に倣った。秀吉は、イエズス会士の代表者として秀吉に仕えることとなったオルガンティノ（Organtino）神父に友好的な謁見を許可しただけでなく、その後間もなく東洋で最大規模の要塞が建造されることとなる大阪で、教会および住居用の土地をその一門に秀吉自らあてがったのであった。当時は多くのキリスト教改宗者が重職に就いており、一五八四年にイエズス会士はその記録に「秀吉は我々の神事を妨害しないだけでなく、それらを極めて重んじ、それらを仏教の如何なる宗派よりも好んでいる態度すら示している。……秀吉は最も重要な彼の数々の貴重品、秘密、および要塞をキリスト教徒たちに委ねており、彼の周囲の有力な直臣の子息たちが我々の風習および法を是とすることにとても満足しているようである」と記している。二年後に秀吉は、長崎から謁見を求めて来たイエズス会使節団を、真心と好意のあらゆる印をもって大阪で迎え、その際に秀吉は日本人の半分をキリスト教徒にするつもりである旨を語った、と秀吉の謁見者は記録している。秀吉は言葉のみに止まらなかった。彼は実際に、宣教師が日本全国で伝道することを許可し、さらに、彼らの住居および教会を兵員用宿舎としての徴用から免除するだけでなく、聖職者自身を地元における諸義務から免除する特許状に署名している。これは、秀吉最大の軍事的事業であった九州の侵攻および完全制圧を達成する前夜の、一五八六年のことであった。秀吉はこの困難な軍事行動を一五八七年の中旬に完了させ、その過程において、秀吉はイエズス会士に対して一貫して友好的な態度を継続した。

しかし、その帰途に秀吉が九州北部の博多に到着した際、彼の方針は突然根本的な変容を遂げたの

1　有力な領主の所領の境界の守りとして機能していた城の主であった、ある家臣の協力を取り付けることが課題となった。その家臣はキリスト教徒であった。信長は京都に居たイエズス会士たちを捕らえ、その家臣に領主への大義を捨て去るよう説得しなければ、彼らの宗教のすべてを禁止すると脅したのであった。〔原文注記〕

であった。秀吉の命により五つの質問がイエズス会の修道会副管区長に提示された。

「何故そして如何なる権限をもって、かの者およびかの者の同志である宣教師らは、日本人がキリスト教徒となることを強制したのか。何故かの者らはそれらの門人や信徒に寺社を破壊させたのか。何故かの者らは仏教の僧侶を迫害したのか。何故かの者らおよび他のポルトガル人は、雄牛や牝牛のように人にとって有用な動物を食したのか。何故修道会副管区長は、インド亜大陸において奴隷とする目的で日本人を買うことを、彼の母国の商人たちに許したのか。」

これらの質問に対して修道会副管区長であるコエリヨ（Coelho）は、宣教師たちは自身の布教活動の中で自ら暴力に訴えもしくはそれを煽った事実または仏教の僧侶を迫害した事実は決してなかったこと、彼らが牛肉を食することが不適切ということであればかかる習慣を放棄すること、さらに、彼らの母国の人間によって犯された非道な行いを防いだり抑制する力を彼らは有していなかったことを返答した。秀吉はその修道会副管区長の返答を読むと、所見を述べることなしに、修道会副管区長に対して、平戸へ退去し彼の信徒全員をそこに集め、六ヶ月以内に国を去るよう申し送った。その翌日（一五八七年七月二十五日）に次の布告が出された。

「我々の忠実な参事官らから学んだところによると、外国の聖職者たちは我々の所領に来て日本の法とは矛盾する法を説き、大胆にも我々の神仏に献じられた社寺を破壊すらしている。この非道な行いは極刑に値するところではあるが、かの者らに慈悲を示すことを望むため、我々はかの者らに、二十日以内に日本を去ることを命じ、それに従わぬ場合は死罪とする。それまでの間は、かの者らに対して如何なる危害も加えてはならないものとする。しかしその期間満了の後に、かの者らの何れかが我々の所領内で発見された場合は、その者を捕え大罪人として罰することを命じる。ポルトガル人商人については、我々の事情が必要とする限り、それらの者が我が国に入港し、そこでその者らの慣例的な交易を継続し、我々の所領に留まることを許すものとする。しかし、我が国に如何なる外国の聖職者を連れて来ることも禁止することとし、違反した場合はその者の船舶と商品を没収するものとする。」

この秀吉の明らかに急激な気持ちの変容を我々はどう解すべきであろうか。一部の歴史家は、秀吉は当初からキリスト教を禁止して宣教師を追放する決心を有していたが、九州征服を目前に控えていた時に、時期尚早な行動によってかかる事業に向けた彼の支配力を弱めることのないように、彼はその企てをそれまで隠していたと主張する。この説は主に推測に基づくものである。その考察者たちは、これほど賢明で先見の明のある政治家が突然気を変えたというよりも、隠れた目的が存在していたと信じる方がより自然であると考えたのである。

より合理的な説は、九州に向けて大阪を出発する直前に、秀吉はキリスト教の布教を容認することが果たして得策であるのか疑いを持ち始め、九州での実情を直接観察したことによって彼の疑いが特に強まった、というものである。大阪を発つ前のある日、秀吉は「欧州の聖職者たちの美徳のすべては、この帝国に対する邪悪な陰謀を隠すためだけのものではないかと強く懸念する」と公に述べている。首都圏の諸地域ではキリスト教徒の要請による社寺の打ち壊しや偶像の破棄は発生していなかった。しかし九州では、大きく異なる状況が蔓延していたのであった。そこでは、キリスト教が刀による脅迫によって伝道されていたとも言える状況であった。寺社と偶像は大規模に破壊され、数千人もの家臣がその外国の信仰に帰依することを強制された。そして宣教師自身もあたかも神であるかのように扱われるようになり、彼らのうなずきは、どれほど自身を卑下してでも得る価値のあるものとなっていた。この世俗的であり宗教的でもある新規勢力の拡大を示す数々の証拠に直接触れ、秀吉は彼自身の至上権とかかる外国の教義のそれとの間の選択、又は、日本の独立維持と欧州の強大なキリスト教諸国への服従との間の選択が、最終的になされなければならいという結論に達したことが充分に考えられるのである。

追放令の結果

秀吉は、中世のキリスト教徒は信仰のためには何時でも、この島国の法令に背くであろうことを認識していたほどに、彼らの特徴を十分正確に見定めていた。秀吉のかかる査定の正しさはただちに証明された。百二十人を数えるイエズス会士が平戸に集められ、ただちに出国するよう秀吉から命じられた時に、彼らは、シナにおいて奉職が必要とされる者だけが出航すべきであると決めたのである。他の者は留まり、改宗した諸領主の庇護の下、通常通りの務めにあたった。しかし、秀吉には彼の権力を無視するかかる行為を黙殺する理由があった。

当初秀吉は断固とした決意を示した。京都、大阪、堺のすべての教会は打ち壊され、九州内のキリスト教礼拝の場の破壊および長崎港の掌握のために、軍勢が送られた。これらの軍勢は、キリスト教徒である諸領主による物惜しみしない応対によって、目的の遂行を思い止まらされたのであった。しかし秀吉は異議を唱えることはせず、一五八八年には、神父らの介入がなければ貿易商人間の平和と秩序が維持できないため宣教師の存在無しでは外国との交易は途絶えざるを得ないという、ポルトガル人特使の説得を受け入れた。秀吉は、交易の中断という不利益を被ることを回避するために聖職者の入国に同意し、その後数年の間は、キリスト教は九州において栄え拡大し続けただけでなく、京都においても良好な活動の場を見つけることができた。かつて秀吉がそう称した、それが「邪悪な宗教」であることの如何なる顕著な証拠にも秀吉の目が引き付けられることのないように注意が払われ、しばらくの間はすべてが順調に進んだ。

九州の諸領主と同様、秀吉も外国との交易をとても重視し、その維持と拡大のためには、彼がキリスト教に対して抱いた嫌悪までも、ある程度は犠牲にしたであろうと思われる証拠が存在する。実際に、秀吉は一つの非常に大きな譲歩をしていた。ポルトガル人貿易商人らの面倒をみるキリスト教聖職者が日本に居なければ、彼らは頻繁に日本を訪問することはできないと断言された秀吉は、限られた人数のイエズス会士の滞在を認めることに同意した。一五九五年の統計はこの限定的な寛容さの下においてもキリスト教がどれほど順調であったかを示しており、日本国内には百三十七人のイエズス会士および三十万人の改宗者がおり、その中には十七人の領主、領主ではないがそれでも相当な名士が多数、そして、大勢の仏教僧侶も含まれていた。

キリスト教に対する秀吉の最終的な態度

思いがけない秀吉による追放令から十年の間は、秀吉は寛容な態度を保った。しかし一五九七年に、彼の忍耐は、譲歩の余地の無い厳しい気持ちに取って代わられた。この二回目の変化の理由は、それについて異なる諸説が伝えられてはいるものの、明快である。

一五九三年までは、ポルトガル人が日本における宗教伝道と海外貿易を独占していた。この特権は、スペインとポルトガルとの間の条約および教皇の大勅書によって彼らに確保されていたものであった。マニラに居たスペイン人たちはこのイエズス会士に対する特別扱いを、長い間幾分羨望の目で見ていたが、一五八七年の大災禍の知らせがフィリピンに届くと、少なくとも殉教の栄誉という報いが手の届くところにある活躍の舞台に上るのだという、そこに居住していたドミニコ会士とフランシスコ会士の意気込みに火が付いたのである。しかし、教皇の大勅書に対する服従が求められていたため、その難題を乗り切るための策略が必要であった。マニラの総督はフランシスコ会士の一行を秀吉への外交使節団として送ることに合意した。この装いによって、会士たちは貿易商人と宣教師の何れにも該当しないこととなるため、条約および大勅書の何れにも違反することがないと考えた。これが、熟考された目的に対して極めて不相応な技術的な偽装であっただけでなく、会士たちは、フィリピンが秀吉の支配に服することを秀吉に誓うことによって、この偽装を補足したのであった。これにより彼らは京都、大阪、伏見を訪問する許可を得たが、そこには布教活動を決して行ってはならないという明示的な条件が付されていた。

間もなく彼らは京都に教会を建て、この上ない仰々しさをもってこれを聖化し、秀吉による禁止を極めて明らかに無視してそこで説教を説き、連祷を詠唱した。その後、マニラに居た総督からの献上物を携えて来た三人の会士がさらに加わり、大阪に修道会を建造しただけでなく、長崎にあったイエズス会の教会を奪取し、それまでそこで神父たちによって用心深く行われていた礼拝を、顕著に公然な儀式へと変貌させたのであった。長崎において正式に制止された彼らは、彼らの妨害を企てたとして京都に居たイエズス会士たちを責め、さらに、イエズス会士が賢明な慎重さに基づき採択した内密で臆病な手法と比較して、自身の礼拝の勇敢な公然性を自慢した。もし秀吉の注意が、朝鮮を経由してシナを侵略する企てに集中していなければ、ただちに懲罰が与えられていたであろう。

しかし、この段階で、注目すべき事件が生じた。マニラからアカプルコに向って航行中の、貴重品を大量に積載したスペインの大型ガリオン船が、嵐のために航路から外れ土佐の海岸に漂着し、日本人の船によって港内に曳航される際に砂堆に乗り上げ、又は意図的に乗り上げさせられ、船底を損壊してしまったのである。その船は六十万クラウンに相当する価値の船荷を積んでおり、ある役人が、秀吉にそれを遺棄船として没収することを促すと同時に、フランシスコ会士たちの行状を詳細に説明し、秀吉の命令に対する彼らの公然たる侮辱を報告した。秀吉は激怒し、フランシスコ会士たちの拘束を命じると共に、「サン・フェリペ（San Felipe）号」を没収するために土佐に役人を派遣した。このガリオン船の舵手は、スペインが支配する広範囲に及ぶ地域を世界地図上で示すことによって、その役人たちを威嚇しようと試みた。その舵手は、如何にして一国がそれだけ広範囲に及ぶ統治権を獲得することができたのかを問われると、「我々の国王が、支配したいと思う国々に、その土地の民衆が我々の宗教を信仰するように仕向ける宣教師を送ることから始め、そして宣教師が十分な進展を遂げた段階で、新たにキリスト教徒となった者たちに協力する軍隊を送ることによって、我々の国王が残りの段階を容易に達成することができるのだ」と返答した。

キリスト教徒の最初の処刑

この発言内容を知った秀吉は激怒した。彼はフランシスコ会士たちを糾弾し、鼻と耳を切断し、京都、大阪、堺を引き回し、長崎で磔にするという罰を下した。「私はこれらの外国人にかかる処罰を科した。なぜならば、かの者らは、事実を偽り自身を使節団と名乗りフィリピンから日本に来て、私の許可無しでここに長期間留まり、私の禁止令に逆らい教会を建て、かの者らの宗教を説き、混乱を生じさせたからである。」この刑に二十六名が処せられたが、その内訳は、フランシスコ会士六名、日本人イエズス会士三名、および主にそれらフランシスコ会士の召使いから成る日本人キリスト教徒十七名であった。[2] 彼らは、この運命を高潔に毅然と迎えた。

秀吉はさらに、領主がキリスト教へ改宗することを禁止する特別令を出し、そして、一五八七年に秀吉が出した追放令に実効性を持たせるため、数々の手段を講じた。長崎奉行は、ポルトガル人商人の礼拝のために二、三人のみの滞在を許すことを除き、イエズス会士全員を送還させる命令を受けた。しかし、イエズス会士は、個人的な危険から逃れるために未だ達成されていない恩寵の任務に背を向けるような人々ではなかった。当時日本には百二十五人のイエズス会士が居た。一五九七年十月に、イエズス会士たちと見受けられる人々によって甲板が混みあっていた一隻の船が長崎港から出航した。実際にはその船には十一人の会士しか乗っておらず、イエズス会士のように見えた者たちは、船員による変装であった。そのような工作が地元当局から隠し続けられると思い込むのは間違いである。地元当局は秀吉が自ら九州を訪問するという噂が真実性を帯びてくるまで、それを黙認していたが、行政職に就いているすべての日本人は、秀吉が不服従の有無をどのように視察するか、そして彼を欺こうとする試みの成功が如何に見込みの無いものであるかを知っていた。従って、一五九八年の初旬に、徹底的な手段が採られたのである。九州内の百三十七もの教会が取り壊され、神学校と住居が撤去され、翌年大型船でマカオに強制送還するために、長崎奉行は同会の神父全員をそこに集めた。しかし、彼らがそこで待機している間に、秀吉が死去した。秀吉が地上から排除されたことを、イエズ

2　実際に切断の対象となったのは、片耳の耳たぶに限定されていた。日本の方式による磔は、十字架に括り付け、両側から計二本の鋭利な槍で心臓を貫くというもので、常に即死であった。〔原文注記〕

ス会士たちに対する神からの特別な賜物であると彼らが公に宣言したことは記録に残されていない。しかし、彼らは秀吉のことを、呪うべき圧制者であると断言し、秀吉の「魂を永遠の地獄に」送った。だが、十六世紀のイエズス会総会長が秀吉の立場に置かれたならば、外国の教義およびその宣教師たちに対して、この日本の政治家がキリスト教およびイエズス会士に対して示した寛容さのほんの一部くらいは示したであろうなどと考えることは、歴史の公平な読者の何人にとっても不可能なことである。

徳川時代の外交政策

秀吉の死は一五九八年に訪れた。日本全土に及ぶ行政統治者としての彼の権限は、その二年後に徳川家当主である家康に移り、そして三十九年後に徳川家の君主らは日本国内のキリスト教を根絶しただけでなく、自国を国際社会から隔離された状態へと追い込み、その状態は一八五三年まで二百十四年間途切れることなく継続した。キリスト教に対して最も激怒していた時でさえ、日本の統治者たちは外国との交易を育成、維持しようとしていたことを既に示した。それならば何故彼らは外界に向けた国の門を閉ざし、一時はそのように重要視していた交易を停止したのであろうか。その答えを探すためには、回想が必要である。

キリスト教国の君主らおよびキリスト教宣教師たちの真の意図に対する疑念を、家康は当初から秀吉と共有していたと一部の歴史家は主張している。しかし、かかる判断は事実によって裏付けられているものではない。記録されている限り、徳川家康がキリスト教宣教師に初めて接したのは、秀吉の死後三ヶ月も経たない時であった。家康の前に引き出されたのはジェロム・デ・ヘスス（Jerome de Jesus）という名のフランシスコ会士で、元々はマニラからの偽装使節団の一員であった。この男の行動は、当時のキリスト教聖職者たちを鼓舞していた不屈の熱意と勇気を例示するものであった。同志たちを襲った磔の悲運を辛うじて免れたこの男は、残留に対する罰が死罪であることが確実視されていた時に、日本からマニラへと強制送還された。しかしマニラに到着するや否や、彼はシナ船に乗り込み長崎に戻り、密かに日本の南端から紀伊の国に向かった。彼はそこで捕えられ、家康の前に引き出されたのであるが、そこでの出来事は彼がその後マニラに送った手紙に記されている。

「そのプリンスが私を見た時に、私がいかにしてその前の迫害を逃れたのかを尋ねました。私は彼に、私がマニラに行きそこから神法の伝道者たちを新たな同志として連れて戻れるように、あの日神が救い出してくれたのであり、そして、私は、前の同志たちのように永遠の栄誉に浴するために十字架の上で死ぬ希望を心に抱き、キリスト教徒たちを勇気付けるためにマニラから戻ってきたのです、と答えました。この言葉を聞いたそのエンペラーは、来世は存在しないと教える釈迦の宗派に属する異教徒としての性格からなのか、又は死刑に処せられることに対して私が怯えていると考えたためなのか、笑みを浮かべました。そして、私を優しい目で見ながら、『私は貴方の無事を願っているので、もはや恐れることも身分を隠すこともない。そして貴方の風習を変える必要もない。そして、私の領地である関東から見える海域を毎年メキシコに向けて船で通過するキリスト教徒たちには、この島の港に寄港し、そこで疲れを癒し、望む物を入手し、私の家臣らと交易をし、彼らに銀鉱の開発の方法を教示してくれることを強く希望する。そして私が死ぬ前に私の目的が達成されるよう、貴方には、それらを実現させるために採るべき方法を私に示して欲しい』と言いました。私は、将来において船が『サン・フェリペ号』のように失われることのないように、スペイン人の舵手が各港の水底調査をする必要があり、この作業をフィリピンの総督に依頼するべきであると答えました。プリンスは私の助言を受け入れ、それに基づき堺出身の日本人の紳士をこのメッセージの使者として送ったのです。……スペイン人および我々フランシスコ会に対してエンペラーが申し出た、神聖なる福音を説くことの完全なる自由に対して、それを妨げることとなる行為を避けることが重要です。……（間もなく関東を訪れる予定としている）このプリンスは、私が住居を選び、そして、彼が我々に対して開放すると約束している港を視察できるよう、彼に同行するよう招いてくれています。本件に関する彼の願望は、私には表現できないほど強いものです。」

徳川家当主の意向に関する上記見解は、実際の様々な出来事によって裏付けされている。彼はこの傲慢無礼なフランシスコ会士に、最初に江戸に教会を建てそこでミサを挙行することを許しただけでなく、フィリピンに使節団を三回送り、相互の通商の自由を提案し、関東の港を開放することを申し出、有能な船の建築技師の派遣を要請したのである。家康は一人の建築技師も得ることができず、交易も行われたものの、その量はそれに随行した大勢の修道士の数に比べると少ないものであった。

家康は、フランシスコ会士が「イエズス会の神父たちを暴力的に激しく非難しながら」江戸に教会を開いたことを知っていたはずであるから、イエズス会士たちの影響力に対抗する道具としてこれらスペイン人の修道士たちを見ていた可能性もある。要するに、スペイン人修道士は日本に居るイエズス会士に対して、イエズス会士自身が以前仏教僧侶に対してとった姿勢と同様の、偏狭的かつ虐待的な姿勢を有していたのであった。

この時に、状況を極めて複雑化させたもう一つの要因が舞台に登場した。それはオランダ商船「リーフデ（Liefde）号」である。オランダがスペインに対して反旗を翻すまでは、オランダは極東地域からリスボンに到着したすべての商品の主たる販売者であった。しかし一五九四年にフェリペ二世がこれら反逆者に対してリスボンの港を閉鎖すると、かかる状況に対応するために、オランダはポルトガル人貿易の源泉を侵略するために東洋へ舳先を向けたのである。この目的のために派遣された初期の遠征隊の一つは一五九八年に出航したが、五隻によって構成されたその遠征隊のうち、その後消息が判明したのは一隻のみであった。これが「リーフデ号」である。同船船は一六〇〇年の春に日本に到着したが、元々百十人いた船員のうち生存者は二十四人であった。府内の港に曳航された「リーフデ号」を訪ねたイエズス会士は、その国籍を知ると、地元の役人にそれが海賊であると告発し、彼らに対する日本人の怒りを招くよう企てた。「リーフデ号」には「操舵長」としてケント州ギリングハム出身の英国人、ウィリアム・アダムス（Will Adams）が乗船しており、家康は彼を大阪に招請し、そこで、アダムスが二十年後に他界するまで途切れることの無い奇妙にも友好的な親交が、がさつな英国人船乗りと徳川家当主との間で始まったのである。この英国人は江戸幕府の優れた造船技師となり、彼の母国又はオランダから貿易商人が来日した時の外交職員としても雇われ、終身の恩恵として広大な土地を受領し、最初から最期まで、将軍の絶対なる信頼を得たのであった。家康は即座に、その男の誠実さを見抜き、外国との交易がもたらす利益が如何なるものであろうと、外国人同士の競争を促すことによってそれが増大することとなることを認識し、さらに、英国およびオランダとの交易は、宗教の布教活動と完全に切り離されているという健全な特色を呈していることを理解した。家康はまた、スペイン人とポルトガル人も寛容に扱った。家康は、京都、大阪、長崎における神父たちの居住を認める二つの正式な許可を発行し（一六〇一年）、江戸幕府の通訳としてロドリゲス（Rodriguez）神父を雇い、さらにマカオから出航した大型船がオランダによって拿捕された結果、日本国内の布教団のための数年分の物資補給を失い悲惨な困窮に喘いでいたイエズス会士たちに対して、惜しみない援助を一六〇三年に贈った。

従って、信長、秀吉、家康という、日本の十六世紀における偉大な三人の政治家の何れも、初めはキリスト教に対して最も寛容な態度を採っていたように見える。秀吉の心持の変容の理由はすでに述べたとおりである。家康の場合についても、同様の変化を生じさせた理由を検討することとする。まず二つの原因がただちに明らかとなっている。一つ目は、キリスト教を許容してはいるものの、家康はそれを信条としては認めていなかった。そして二つ目は、家康自身、それが国策としてのものか又は真の信仰心によるものかはともかくとして、仏教を強く推奨していたというものである。前者の説の証拠は、家康が一六〇二年に日本の港に入港する外国商船の安全を保証するために出した命令の中に見つけることができ、それは「しかし我々は、彼ら」（かかる船に乗って入国する外国人）「が、彼らの信仰を布教することは厳重に禁止する」という制限を付して締めくくられている。後者の証拠は、家康が彼の守護神と見なしていた小さな仏像を常に持ち歩き、釈迦の教えを、織田信長がそれを抑圧した時の熱心さと同様の熱心さをもって奨励したという事実である。

徳川家当主の頭の中でキリスト教信仰に対する強い嫌悪感を徐々に養うこととなった出来事の正確な順序を追うことは極めて困難である。家康は、彼の偉大な前任者である秀吉の見解にある程度は影響を受けていたに違いないであろう。しかし家康はそれらの見解を無条件で受け入れたわけではなかった。十六世紀の終わりに家康は、キリスト教の本拠地である欧州の状況を直接視察させる目的で、信頼する密偵を欧州に送り、この男は、自身の目的をより効果的に達成するために、かかる外国の信仰を信奉することとし、外側からだけでなく内側からもそれを学んだ。帰国した際にこの男が語ることとなった内容は、記録のない大昔から信教の自由が存在していた国の統治者を確実に驚愕させるものであった。その内容は、宗教裁判と火あぶりの刑、十字架の名の下での制限の無い侵略行為、異端の君主の領地を没収する権限を教皇に授与する教皇の最高君主統治権、宗教戦争、そして、信じ難い狂信的行為に関するものであった。家康は、彼の密偵の報告を聞いているうちに、邪悪な印象を受けたはずである。家康自身の目の前にも、キリスト教の教理が当時引き起こしていた闘争の精神を示す証拠が豊富に存在していた。フランシスコ会士とドミニコ会士が日本に到着した瞬間から、彼らとイエズス会士との間で激しい争いが始まり、それは受難の共有をもってしても和解させることができない争いであった。

それと同等に不快であったことは、家康に対して、スペイン人たちがすべてのオランダ人を日本から追放するよう指図しようとしたこと、および、イエズス会士たちがスペイン人を追放するよう指図しようとしたことであった。ほとんど要求の形で提示された前者の提案は、二度にわたり策定され、二回目の際には、ほぼ同程度に侮辱的な申し出が添えられており、具体的には、その帝国の港内で見つけたオランダ船のすべてを焼き払うために、スペインの軍艦を日本に派遣するというものであった。

もし、家康の主権者としての権限に対するそのように傲慢無礼な提案を前にして、家康が冷静かつ品位のある態度を保ち、単に彼の国はすべての来訪者に開放されており、他国が他国間で争うのであれば、日本を戦場とするべきではないと返答したとしても、家康が、家康自身による自主的な外交政策に対するそのような介入に強い憤りを覚えなかった、また、キリスト教信者の宗派間の争いが領土の平和を乱すこととなることをそれが予示するものであると解釈しなかったとは、想像し難い。キリスト教を信条として嫌い、それを政治的勢力と見做して怪しむ方向に家康を傾かせたこれらの経験は、それから間も無く、即座に決定的となる性質を有する複数の出来事によって補完されたのである。

その一つ目は、信頼していたキリスト教徒の役人が、あるキリシタン領主の利益のために犯した詐害および偽造行為である。この事件によって、家康は幕府の役職にキリスト教徒が就くことの危険性を認識することとなり、雇用されていたキリスト教徒全員を解雇し、江戸から追放し、如何なる領主もそれらの者を匿うことを禁止した。二つ目の出来事は、スペイン人船員およびフランシスコ会宣教師による日本沿岸の測量の試みであった。この作業の実施許可はニューメキシコから来た使節によって取得されていたが、日本側が許可を与える際に、その理由を事前に慎重に考察した形跡はなく、その船員（セバスチャン〈Sebastian〉）と宣教師〈ソテロ〈Sotelo〉〉がこの作業の実施を急ぐと、家康はウィリアム・アダムスに対して、かかる勤勉さが発揮される理由の説明を求めた。この英国人は、かかる行為は欧州において、特にそれが侵略行為で悪名高いスペイン人又はポルトガル人によって行われる場合、敵対行為と見なされると回答した。更なる質問に対する返答として彼は次のように述べた。「ローマ系聖職者は、ドイツの多くの地域、スウェーデン、ノルウェー、デンマーク、オランダ、およびイギリスから追放されました。キリスト教の信条の純粋な形から、スペインとポルトガルは逸脱してしまいましたが、私の母国はそれを維持しています。しかしイギリス人もオランダ人も、その事実をもって、自分たちがキリスト教国でない他国と、単にその国がキリスト教国でないという理由で戦争をしたり、その国を併合してもよいとの理由には何らならないと考えています。」

家康は全幅の信頼をアダムスに寄せていた。その英国人の証言を聞いた家康は、「欧州の君主らがこれらの聖職者を許容しないのであれば、私が彼らを許容することを拒んでも、彼らに対する不当な扱いとはならない」と声を上げたと言われている。加えて、日本人の複数の歴史家は、日本人キリスト教徒の間で外国の軍隊の支援を得て徳川幕府を転覆せしめんとする陰謀が進んでいたことを、家康が発見したとしている。この陰謀は広範囲に及んだものではなかったが、神父らと改宗者たちの同情が明らかに、日本国内で徳川家の覇権に対抗し続けていた唯一の有力者である、秀吉の子息の秀頼に対して向けられていたという事実に、特別な重要性を付加することとなった。

しかし家康は、外国人聖職者に対して過激な措置を講じることを躊躇し、この姿勢は彼が他界（一六一六年）するまで維持された。徳川家の権威が御膝下の江戸において、上述したソテロという一人のフランシスコ会の神父によって公然と侮られるということがなければ、日本人キリスト教徒たちに対しても、家康は同程度の寛容さを示したかも知れなかった。その時（一六一三年）に日本人改宗者の最初の処刑が行われたが、修道士本人は短期間の投獄の後で釈放された。今日のようにより開けた時代でも未だにそうであるように、当時、わずかな風習の違いが時として重大な誤解を招いたのであった。宗教と無関係の法を犯した一人のキリスト教徒が長崎で磔となった。彼の仲間の信者の多くが、彼の十字架の周りに跪き、彼の魂の平穏のために祈ったのであった。その後、それと同じ場所において、改宗者の一団が棄教することを拒否したために火あぶりの刑に処せられたのであるが、その者らの友人であるキリスト教徒たちが集まり、彼らの体の一部を聖遺物として持ち帰った。これらの出来事が家康に報告されると、家康は、「自ら犯した犯罪のために死刑に処された犯罪者を崇拝することだけでなく、彼らの君主（封建領主）の命令により火あぶり又は八つ裂きとされた者の栄誉を称えることさえ促すとは、これは疑いの余地無く邪悪な信仰に違いない」と言った。

キリスト教の禁圧

すべての外国人聖職者を、日本から撤退させる準備として長崎に集合させること、すべての教会を取り壊すこと、および、改宗者にキリスト教を強制的に棄教させることを命じる決定的な布告は、一六一四年一月二十七日に発せられた。その時日本には百二十二人のイエズス会士、十四人のフランシスコ会士、九人のドミニコ会士、四人のアウグスティン会士、および七人の在俗司祭がいた。これらの者たちが最終的に日本を去ることによって日本の権力者の命令に服していれば、一五九七年に秀吉の命令によって長崎で処刑された六人のフランシスコ会士を除き、一人の外国人も自身の信仰のために日本で殉教することはなかったであろう。しかし、宣教師にとって受難や死は、一人でも改宗者を得る又は維持することができる可能性がある限り、取るに足らぬものであった。幾人かの者はそれが発布された時に自身の身を隠すことによって、又、他の者は、船が日本の岸から見えない所まで来た時点で下船し小舟で元の務めの地に戻ることによって、それらのうち四十七人がこの布告を忌避した。さらに、数ヶ月の間に、実際に海を渡った者たちも、様々な偽装を用いて日本へ再渡航したため、日本政府は間も無く、自己の権限がそのように平然と無視されていることを我慢するか、または、厳しい措置を講ずるかを検討する必要に迫られた。

この反キリスト教布告が発布された後の二年間は、徳川家当主そして正に日本全体の注意は、この帝国の行政上の支配者としての家康の決定的な覇権を確実とすることとなった大規模な紛争の最終章に集中していた。その最終章とは、大阪城の城壁の下で行われた、徳川家の支持者と秀頼の支持者との間の、過酷な戦であった。この戦の最中に、反キリスト教の火に新たな油が注がれたのである。多くのキリスト教改宗者が秀頼と運命を共にすることを選び、戦場の一部で徳川軍は、十字架並びに救世主およびスペインの守護聖人である聖ジェームズの像を紋章とする軍旗を掲げる敵軍と交戦することとなったのである。しかしこれらのキリスト教徒たちには複数の庇護者が存在していたのである。多くの領主は、領主自身に幾分か強制されて外国の宗教を受け入れることとした人々に対して厳しい罰を下すことに、強い嫌悪の情を表わしていた。日本人全般に関して言えば、人々が自由主義の精神を有していたことが、大阪城が攻略された時に城内にいた五人の神父が裏切りの危険に晒されることなしに遠方まで避難することができた事実によって立証されている。これらの出来事の最中に家康は他界し（一六一六年六月一日）、彼の霊廟の献納が済むまで、反キリスト教の聖戦は実質的に中断された。

一六一六年九月には、家康の子息で世継である秀忠によって新たな反キリスト教布告が発せられた。この布告は、ポルトガル人商人に対して礼拝を挙行するために滞在が許可されていた聖職者らをも含むキリスト教聖職者全員を国外追放に処すること、および、宗教の司祭と何らの関係を有することも、彼らを厚遇することも日本人に禁止し、罰則は生きたままの火あぶりと、全財産の没収であることを宣言した。何れの大名も領主も、キリスト教徒を雇うことおよび所領内に留め置くことすら禁止され、この布告は通常よりも厳粛に発布されたが、家康の葬儀を理由にその強制は翌年まで遅らされた。一六一四年に家康が発した布告は棄教を拒む改宗者を死罪に処すものでなかった点で、この一六一六年の布告とは異なるものであった。しかし、その両方共、追放が外国人宣教師に対処する唯一の手段であることを示している点で合致していた。

将軍および将軍の相談役らに関して言うと、彼らは暴力に訴える必要性をあまり想定していなかったという推察が合理的である。彼らは、改宗者の大多数は地元の支配者の勧め又は命令によってキリスト教教会に参加したことを知っていたはずであり、そのように安易に信奉された教義に、拷問と死罪をものともせずに固執する可能性はまずないと考えていた。さらに、もし外国人宣教師が幕府の布告に従い国を退去していれば、誰一人死罪に処せられることはなかったであろうことは、まず間違いなく確実であった。彼らは、その国の法律に公然と反抗したために苦しむこととなったのである。秀忠の布告が発せられた時に、長崎には約五十名の宣教師が居た。これらの多くは捕えられ強制送還されたが、その内の幾名かは、ほぼただちに戻って来たのである。この出来事は、バテレン（神父）を強制送還する特別な役目を命じられた大村氏の管轄権の下で起こった。大村氏は強烈な前例を示す必要があるという結論にいたったと思われ、デル・アサンプシオン（Del' Assumpcion）およびマチャド（Machado）の二人の神父の捕縛と斬首を命じた。その結果は、彼の予測が完全に誤りであったことを示すこととなり、その後生じることがその時に運命づけられた、残酷な闘争の先触れとなったのであった。

別々の棺に入れられた彼らの死体は同じ墓地に埋葬された。そこには番人が置かれたが、大勢の群衆が集るようになった。その墓地には病人が連れてこられ、健康回復が祈願された。キリスト教徒たちはこの殉教によって新たな力を見出し、異教徒たちは、これに深く感嘆した。各地で多くの者が改宗し、多数の背教者も信者として戻って来た。これらの出来事の最中に、ドミニコ会の修道会管区次長のナヴァレッテ（Navarette）と聖アウグスティノ修道会管区次長のアヤラ（Ayala）が潜伏場所から姿を現し、宣教師の完全なる正装を身にまとい、公に布教活動を開始した。この二人の狂信者（シャルルボア〈Charlevoix〉でさえ彼らをそのように捉えている）は、密かに高島に搬送され斬首され、彼らの棺は大きな重石によって海中に沈められた。さらによりあからさまに反抗的だったのは、次に殉教した宣教師である、高齢なフランシスコ会修道士のファン・デ・サンタ・マーサ（Juan de Santa Martha）の態度であった。彼が中世日本の牢獄の恐ろしさのすべてを三年間苦しんだ後、彼の釈放とニュースペインへの強制送還が提案されたが、彼は、もし釈放されたら日本に留まりここで伝道する、と回答し、一六一八年八月に斬首台に彼の頭を横たえた。しかし、その後一六二二年までは、他の何れの外国人宣教師も、彼らの多くが日本に入国しそこで宣教活動を継続したにもかかわらず、日本において死罪に処せられることはなかった。

その間に、キリスト教徒による政治的策略に対する疑いがさらに深まることを明らかに狙った、もう一つの出来事が発生した。オランダ船によって拿捕されたポルトガル船の中で一通の手紙が見付かり、そこには日本の改宗者に革命を促す内容と、不満を抱くキリスト教徒の数が十分となった時には、彼らを支援するために軍艦を派遣する約束が記されていた。外国人宣教師たちの熱意がすべて政治的な動機に基づくものであるという内容の、背教者たちが書いたパンフレットの効力も、キリスト教徒に不利に働いていた様々な影響の中でも、決して小さいものではなかった。そしてスペイン人およびポルトガル人宣教師に対するさらにもう一つの告発が、一六二〇年当時極東海域を航行していた英国およびオランダ艦隊を指揮していた艦隊司令長官が秀忠に宛てた書簡に含まれていた。その書簡は宣教師たちによる背信行為をきっぱりと告発しており、スペインのフェリペ王の侵略的な謀略に対する日本の支配者の注意を喚起した。

これらのすべての証拠を前にして、日本人は躊躇することを止め、神父と改宗者らにとって恐怖の時がその後に続くこととなった。宣教師たちに対し講じられた措置は徐々に厳しさを増していった。一六一七年に最初に死罪に処された二名の神父（デル・アサンプシオンおよび マチャド）は、「通常の執行人ではなく、大名の重臣の一人によって」斬首された。その後ナヴァレッテとアヤラは執行人によって斬首された。そして、一六一八年には、ファン・デ・サンタ・マーサは通常の罪人と同様に処刑され、彼の体はばらばらにされ、頭部はさらし首となった。ついに一六二二年には、ズニガ（Zuniga）とフロレス（Flores）は生きたまま火あぶりとされた。同年は長崎において九人の外国人宣教師が十九人の日本人改宗者と共に火あぶりの刑に処せられるという、「偉大なる殉教」によって記憶された。

将軍は、外国による侵略の真に迫った恐れの下で物事に取り組んでいたようである。彼が欧州に送った密偵が七年の渡航の後、「偉大なる殉教」の前夜に帰国し、キリスト教徒に対してこれまで以上に不都合な報告を行った。そのため、秀忠は、一六二四年のフィリピン使節団による謁見を拒否し、日本からすべてのスペイン人を強制送還する必要があると考えるにいたった。さらに、その時から、日本人キリスト教徒は交易の目的で海外に行くことが禁止され、キリスト教徒以外の者および棄教者は自由に渡航が許されていたものの、フィリピンへの訪問は禁止された。これにより日本とスペインとの間の交流のすべてが途絶えることとなった。かかる交流は三二年続き、そしてキリスト教はスペインの侵略の道具であるという、広く浸透した確信を生じさせた。

やがて、秀忠の子息の家光が江戸において支配者の座に就くが、秀忠は将軍の背後で実権を握り続けた。家光が権力を承継した年（一六二三年）には、反キリスト教徒の諸令が再公布され、徳川家所領内における約五百名のキリスト教徒が殉教し、迫害の潮流が初めて流れ始め、その後はかかる活動が継続した。この迫害活動の執行にあたり最も積極的かつ厳格であったのは、長崎奉行の水野氏および竹中氏、並びに島原の領主松倉氏だった。後者によって考案されたのが、改宗者を雲仙の噴気孔に投げ入れるという罰と、口、鼻、耳から出血するまで頭を下にして足から穴の中に吊るすという穴吊りの拷問であった。死が安らぎをもたらすまで、多くの者がこの後者の拷問に何日も耐えたが、何人かは棄教を選択した（その中の一人がイエズス会の修道会管区長のフェレイラ〈Ferreyra〉であったことは特筆に値する）。

松倉と竹中はスペイン人の脅威に強く取りつかれ、スペイン人から極東地域の基地を奪うためにフィリピンを征服することまで考えた。しかし当時の江戸は、気弱な評議員が大勢を占めており、もはや信長、秀吉、家康の精神によって統轄されていなかったのであった。キリスト教徒たちの堅忍さがより頑固となるにつれて、弾圧の手段は当然その厳しさを増した。犠牲者の正確な数を示すことは不可能である。歴史家の何人かは、一六三五年までに少なくとも二十八万人が罰せられたと述べているが、最も信頼性の高い記録は改宗者の合計数が三十万人を超えることは決してなかったと記しており、仮に大多数ではなかったとしても、これらの内の多くは、その外国の信仰を極めて安易に受け入れていたため、破滅の脅威に面して積極的に棄教したことに疑いの余地はないことから、その数字は恐らく誇張されたものと思われる。棄教のための、そして死を免れるための、あらゆる機会が与えられた。仲間の改宗者を教えることによって免責を確保することも可能であった。そして、キリスト教を受け入れた七、八名の領主の内、二、三名しかその信仰のために命を落とした者がいなかったという事実を見れば、一般人の間で多くの棄教がなされたと結論付けざるを得ない。

しかしながら、驚くべき不屈の精神が発揮されたとも言われている。改宗者が恐れ知らずであったならば、彼らの教師たちも少なくとも同等の勇気を示した。日本に来ることにより、又は強制送還後に戻って来ることにより、かかる教師らは幾度となく日本の支配者に背いた。マカオとマニラの総督の命令だけでなくスペイン国王自身の命令をも無視して、短い期間の布教活動の後で確実に捕えられ火あぶりの刑に処せられることとなると知りながら、彼らは毎年来続けたのである。一六二六年に、彼らは実際に三千人を超える改宗者に洗礼を施した。宣教師を告発する者には多額の褒賞が与えられ、人々はキリスト教徒でないことを証明するために、キリストの絵を踏むことを要求された。

その間、オランダ人、スペイン人、およびポルトガル人の間の争いが止むことはなかった。一六三六年にオランダは、拿捕したポルトガル船の中で、日本で殉教したばかりの修道会管区次長であったヴィエイラ（Vieyra）の名誉を称えてマカオにおいて二日間にわたり催された祝祭に関してマカオ総督が記した報告書を発見した。この報告書は、「日本国および将軍の権限に背く反逆者として将軍がその領地から排除した者に対して、どれほど大きな名誉をポルトガル人が授けているかを、将軍がより明瞭に理解できるように」と、オランダ人から日本の権限当局に手渡された。恐らくこの告発は、日本人がポルトガル人に対してすでに抱いていた憤慨と不信感に多くを付け足すものではなかったであろう。

いずれにせよ、オランダ人の名前が記されている旅券を所持しているポルトガル人が入国することを防ぐためにすべての外国人に対して帝国内の移動を禁止する布告を一六三七年に発布するまでは、聖職者ではない一般のポルトガル人に対して、江戸幕府が明らかに敵対的な行動をとることはなかった。これが終局の始まりであった。一六三七年十二月に、一般に「キリスト教徒による島原の乱」として知られる反乱が起き、これがその先二百年を超える期間の日本の外交を決定付けることとなった。

島原の乱

島原の岬と天草の島が長崎の湾の西側を囲んでいる。イエズス会による布教活動の初期段階において、島原と天草が日本の中で最も徹底的にキリスト教化されていた領地であった。従って必然的に、後年においてそれらが迫害の最も厳しい舞台となったのである。それでも、もし容赦ない強要の手段を採用した贅沢三昧な領主に資金を供給するために、あらゆる忍耐の限界を超えた税を課せられることがなかったならば、人々は恐らく黙って耐え忍んだであろう。しかし、日本人の記録では、課税に対する不満は単に二次的な原因とされており、キリスト教信奉に対する迫害から逃れるために放浪生活を送っていた五人の侍による扇動を反乱の唯一の原因としている。何れの説が正しいにせよ、その勃発が最終的に近隣地域のすべてのキリスト教徒を引き付けることとなり、権限当局によってそれが実質的にキリスト教徒による反乱とみなされたことは確かである。

天草での反乱は島原に飛び火し、一部の資料によれば、一六三八年一月二十七日の時点において、全体で戦闘員である男が二万人おり、それに一万七千人の女性と子供が加わっていた。他の資料は、これらの数字の半数を若干超える程度の人数が、三方向を百フィート下の海まで垂直に下る絶壁で囲まれ、残りの一辺が沼に面している高台に位置する、廃城となっていた原城に籠城したとしている。そこで反乱軍は、「イエス様」、「マリア様」そして「聖イアーゴ」とう喊声を上げ、赤い十字の旗印の下で戦い、強力な軍勢が繰り返えす攻撃に対して守り続けたが、武器を使い果たし食料も底を突くと、四月十二日には圧倒され、百五人の捕虜を除いて全員が刃に倒れた。

この包囲攻撃の最中にオランダ人は、スペイン人およびポルトガル人が信仰するキリスト教に対してオランダ人が抱いている敵意の鮮明な証拠を披露することができた。包囲陣が所有する火器の威力が、何らかの成果を上げるには弱過ぎたため、平戸の仲買人であったコークバッカー（Koeckebacker）は、より大きな火砲を搭載した船を派遣するよう促された。これに対し、彼は二十門の火砲を搭載した「デ・ルピ（de Rpy）号」で応え、デ・ルピ号は十五日間で原城に四百二十六発の砲弾を撃ち込んだのであった。恐らく、当時存在していた日本人キリスト教徒の大部分は原城における大量殺戮によって亡くなったと思われる。その後の殉教者の数は数人程度に止まっている。[3]

十七世紀における外国との貿易

信長、秀吉、家康が外国との交流および貿易に前向きであったことは、すでに明確に示したとおりであり、通商がキリスト教の運命に巻き込まれないように、家康は彼の前任者の秀吉よりもさらにキリスト教と通商とを区別するために苦心した。実際に、家康が達成することを最も誠実に望んだ三つの目的は、外国との交易の発展、商船の獲得、および日本の鉱床の開発であった。家康は、スペイン人、ポルトガル人、英国人、およびオランダ人に対して、江戸における居留用地の提供を申し入れており、彼らがこの申し入れを受けていたら日本が鎖国されることは無かったかも知れない。家康の時代の日本は、事実上の自由貿易国であった。輸入業者は何の関税も払う必要がなかった。但し、彼らの商品を搬入した港を所有する領主に対して貢物を送ることが期待されており、これらの貢物は通常とても高価なものであった。

当然、家康は自身の所領内にその富の源泉を誘致することを望んでいた。彼は使者を複数回マニラに送り、江戸周辺地域との直接交易の開始を促し、さらに、スペイン人に有能な造船技師の派遣を要請した。家康の姿勢は、一六〇二年に発効された法律の中で最も正しく示されていると思われる。

「もし外国船が荒天のため何れかの領土に着岸すること、又は日本の何れかの港に入港することを強いられた場合は、かかる外国人が誰であろうとも、その者に属する又はその者の船で運んできた如何なる物も、絶対にその者から奪ってはならないものとする。同様に、かかる者の船で運ばれてきた商品の売買において如何なる暴力を用いることも強く禁止するものとし、入港した港に留まることがその船の商人にとって不都合である場合、その者は、適した港まで航行し、そこで完全に自由に売買を行うことができるものとする。同様に、一般的に、外国人は自身の選択する日本の如何なる地においても自由に居住できるものとするが、彼らの信仰を布教することは厳重に禁止する。」

この意向のとおり家康は、オランダに対して日本国内で取引する許可を与えた（一六〇五年）のであるが、家康は、彼らが毎年送ることを約束した船が、浦賀又は江戸近郊のその他の場所に商品の流通拠点を設けることを期待していたことに疑いはない。しかし物事はそれとは異なる定めを持っていた。日本に最初に足を踏み入れたオランダ人は、難破した「リーフデ号」の生存者であった。一時投獄されていた彼らに、平戸の領主からの使者が接触し、平戸領主はその内の何人かを、火器の鋳造技術と砲術を彼の家臣に教えさせるために雇い、その中の二人が日本からの出国を許されると、平戸領主はその者たちに出国の手段を提供すると同時に、当時そして過去においても取るに足らない漁村であった平戸に、貿易港としての魅力を付与することとなる様々な約束をしたのであった。オランダ人は、当時の日本国内の事情に正に合致した適性を有していた。彼らは如何なる宗教とも無関係な貿易の可

3　Otis Cary 著「A History of Christianity in Japan」（一九一〇年）参照。〔原文注記〕

能性を呈示していたのである。そのことを完全に認識していた賢明な平戸領主は、オランダ人を彼の領地へ誘い込むために特別な努力を払い、そしてそれに成功したのである。

その後間も無くして、日本の鉱床を開発することに対する家康の希望の強さを明瞭に表す出来事が起こった。スペイン人であるフィリピン総督（ドン・ロドリゴ・ヴィヴェロイ・ヴェラスコ〈Don Rodrigo Vivero y Velasco〉）は、彼の船がアカプルコに向けて航行中に日本の沿岸に漂着した際に家康に歓待され、家康が五十人の鉱夫を要請したことに応じてその条件を策定し、家康は実際にそれに同意した。その条件とは、鉱床の採掘量の半分が鉱夫たちの取り分となり、残りの半分を家康とスペイン国王との間で分け、スペイン国王は鉱床に対する彼の権益を管理する目的で監督官を日本に派遣することができ、これらの監督官は宣教師を随行させることを許され、宣教師は礼拝を執り行うための公の教会を設立することができる、というものであった。

これは一六〇九年の出来事であり、この時家康はキリスト教の布教活動に対して最も厳しい禁制を繰り返し課していた。港を訪れるポルトガル人貿易業者に対する聖務を執行するために十分な人数が留まることを許すという、秀吉による長崎に居たイエズス会士に対する権能付与と同様の趣旨の許可を、ドン・ロドリゴに与えたということを、家康が認識していたことは疑いのないことであろう。家康は自分自身と自国民を信頼していたのである。家康は、緊急事態が生じたその時には、それに対処できることを確信しており、気弱さのために何かを犠牲にするということはしなかった。しかし彼の勇気に満ちた政策は彼の死と共に消え去り、鉱夫が来日することはなかった。スペイン人もまた、日本との交易を成立させるための努力を精力的に行うことはしなかった。スペイン船は気まぐれに浦賀に来航したが、ポルトガル人が交易を独占し続けた。

オランダおよび英国との交易の開始

一六一一年に、胡椒、織物、象牙、絹、鉛を積載したオランダ商船（「ブラヒ〈Brach〉号」）が平戸に到着した。この商船には二人の外交官、スペクス（Spex）およびセイハスーン（Segerszoon）、が乗船しており、この二人のオランダ人は、「オランダ人に関する問題に決着をつける」という明確な目的のためにマニラから丁度到着したばかりのスペイン人使節団の目前で、家康から寛大な特権を得たのである。その十二年前に、一般的にはオランダ人によるアジア貿易の成功によって、そしてより具体的には、「これらのオランダ人が我々に対する胡椒の価格を一パウンドあたり三シリングから六シリング、そして八シリングへと引き上げた」という事実によって刺激されたロンドンの商人が、東インド会社を設立し、ただちに東に向けて船を送り出した。当然、オランダが日本において貿易拠点を構えようとしている情報はただちにロンドンに到達し、東インド会社は、サリス（Saris）船長の指揮下にある自社船「クローブ（Clove）号」に対して、その極東の島国へ向けて出港するよう間髪を入れずに命令を出した。クローブ号は大量の胡椒を積んでおり、その航海の途中でモルッカ諸島において、数種類の香辛料の調達に努めた。しかしオランダが、自分たちの価値有る独占事業が荒らされることを放置することはなかった。

クローブ号は一六一三年六月十一日に平戸港に入った。サリスは自分の意見に固執する、思慮が浅く疑り深い人物だったようである。その新規貿易の基盤を浦賀に設けるようウィル・アダムスに強く促され、その港の優越性にも納得し、将軍の首都から近距離にあることがもたらす多大な利益についても教えられたにもかかわらず、平戸を選択したという事実からして、サリスはアダムスに対して不信感を抱いていたと考えられる。サリス船長は、外国との交易に関する徳川将軍の意向を明快に表した最も寛大な特権を、家康から授けられた。

1　この度海を越えて英国から初めて日本に来航した船は、あらゆる種類の交易を障害無しに行うことができるものとする。（英国船の）今後の訪日については、あらゆる事柄に関して許可が与えられるであろう。
2　船荷に関しては、目録によって幕府の要請に従い徴発されるものとする。
3　英国船は日本の何れの港にも自由に入港することができるものとする。嵐によって航行不能となった場合は、何れの避難港に入港することもできるものとする。
4　英国人が希望する江戸内の土地は英国人に与えられるものとし、そこに家屋を建て居住し、交易を行うことができるものとする。英国人はいつでも希望する時に母国に帰国し、彼らが建てた家屋を希望する方法で処分する自由を有するものとする。

5　疾病その他の理由により英国人が日本国内で死亡した場合、その者の所有物は確実に引き渡されるものとする。
6　船荷の売却の強要、および暴力は、行われないものとする。
7　英国人が罪を犯した場合は、その犯罪の重さに応じて英国人総監督によって罰せられるものとする。（リース〈Riess〉教授による翻訳）

第四項の条件は、英国人が江戸を本拠地とすることを将軍が期待していたことを示すものである。もしサリスがそうしていれば、彼は何の競争に晒されることもなく、彼の門前に膨大な市場を有することとなり、徳川幕府詣でのために頻繁に生じる陸上移動にかかる費用を節約することができ、多くの「心づけ」の支払いを免れることが可能となったのである。彼の誤った選択およびその後の不適切な管理の結果として、十年後（一六二三年）に平戸の英国商館は閉鎖を余儀なくされ、全体で約二千ポンドの損失を被ることとなった。家康の死から数ヶ月後に、家康がサリスに与えた特権が大幅に修正された事実は、彼のかかる失敗を容赦するものとして記されなければならない。元々の許可状は英国人に日本国内のすべての港を開放するものであったが、修正後の許可状では、それが平戸に限定されてしまったのである。しかし、この制限は、江戸での居留および浦賀湾を受け入れなかったという不手際に間接的に帰するものであった可能性もある。徳川の外交政策は主として、江戸の権限が完全に及んだことのない九州の領主たちが、徳川の手から日本国全体に対する支配権を奪い取ることを最終的に可能とさせる艦隊および兵器を、外国の貿易商の存在によって入手するのではないかという恐れに強く支配されていた。従って、脅威となるにはあまりにも小さな大名の領地である平戸と、天領都市[4]である長崎に、英国人とオランダ人を制限するという予防措置を採ったのである。しかし明らかに、江戸内の英国商館および浦賀の英国船は、徳川の政敵への兵器の供給源とならないばかりか、徳川家の権力を強化することとなったであろう。

位置関係の問題も、損失を被る結果をもたらした、もう一つの要因であったことも認識されなければならない。それによって英国人およびオランダ人は、大阪の裕福な独占事業者たちの集団との壊滅的な競争に晒されることとなったのである。大阪の独占事業者たちは天領都市を代表する者として徳川家の利益に資することを誓っていたため江戸から恩典を受けており、それを最大限に利用していた。これらの抜け目のない商人たちは、平戸の周囲に包囲網を築くのみでなく、自分たちのためにコーチン、シナ、シャム、トンキン、カンボジアおよびその他の地域へ船を送り、それらの場所で英国人およびオランダ人が扱っている主要商品の多くを入手したのである。

しかしながら、平戸の英国商館の閉鎖は純粋に自発的なものであった。初めから最後まで、英国人と日本人との間に重大な摩擦が生じたことはなかった。会社の建物や倉庫は売却されなかった。これらの物件および特許状は、平戸の大名の手に委ねられ、その大名は、英国人が日本において事業を再開する際にはそれらを元に戻すことを約束した。会社は複数の機会において再開を検討したが、一六七三年に「リターン（Return）」という、それに相応しい名の商人が許可を要請するために送られるまでは、何の具体的な手段も採られなかった。日本側は、熟考の後、英国の王がポルトガルの王女と婚姻を結んでいたことを理由に、英国人による日本の訪問を許可しない旨を回答した。この返答がオランダ人によって提案されたものである可能性は非常に高いが、これがカトリック教徒に対する日本政府の感情を正しく反映したものであることには間違いがない。

日本におけるポルトガル人の最後の日々

スペイン人は一六二四年に、そして、ポルトガル人は一六三八年に日本から追放された。後者の二年前に、江戸幕府は際立って退行的な手段を採った。幕府は、日本の船が外国に行くことおよび日本人が国を出ることを禁じ、出国の企てが察知された場合は犯人を死罪とし、犯人を乗せた船とその船員は「幕府の沙汰あるまで」拘留することとし、外国に居住する日本人が帰国した場合は死罪とし、スペイン人の子供および子孫並びにかかる子供らを養子とした者が国内に残留することを禁止し違反者は死罪とし、外洋航行が可能な大きさの船を日本国内で建造することを禁じたのであった。従って、

4　天領都市は江戸、京都、大阪、および長崎であった。この長崎に、その後英国人は入ることを許された。彼らは島津藩主によって鹿児島にも招かれた。彼らの平戸における経験が、それほど引き止めるような内容のものでなかったならば、彼らは鹿児島に商館を設立していた可能性もあった。〔原文注記〕

キリスト教宣教師の子供らが日本の国土から完全に追放されただけではなく、日本人も日本列島内において投獄され、国は商船を入手する望みをすべて絶たれたのである。

この布告によって追放されたスペイン人の子孫は、ポルトガルのガレオン船二隻でマカオに連れて行かれた。対象となった者は二百八十七名であり、これらの者が携行した財産は合計で六百六十九万七千五百フロリンであった。もしポルトガル人が、彼らの激しい毒舌の対象であったライバルが掃討されたことを見て何らかの満足感を得たとしたら、そのような思いは長くは続かない運命にあった。すでに彼らは屈辱的な制限を受けていた。「一六二三年からは、もし乗船者の中に外国人宣教師が発見された場合、当該ガレオン船およびその船荷は焼却され、その乗組員たちは死刑に処せられるとされていた。予定されている乗客全員を検査し、少しでも怪しいと思われる者が日本に向かうことを防止することを目的として、日本の役人がマカオに駐在していた。この役人は乗船者全員の完全なリストと身体的特徴の描写を作成し、その写しを船長に手渡し、船長はそれを、長崎において彼を出迎えた役人に、錨を下す許可を得る前に渡さなければならなかった。その後の検査においてリストと実際にその船に乗って来た人物との間に何らかの齟齬が見られた場合、船長は極めて困難な立場に置かれることとなった。そして、船の検査では手紙は開封され、トランクや箱類は詳しく調べられ、すべての十字架、ロザリオ、およびあらゆる種類の宗教的物品は海中に破棄された。一六三五年にポルトガル人は、彼らの傘や靴を運ばせるために日本人を雇うことを禁止され、彼らの主要幹部のみが武器の携帯を許され、彼らは毎年新規に召使を雇うことが要求された。その翌年（一六三六年）

に人造島である出島が、彼らを特別に迎え入れる、というよりはむしろ幽閉する目的で造られた。それは以前のポルトガル商館の前に位置し、それとは橋によって結ばれており、その時から、ポルトガル人は年に二回、彼らの到着時と出国時にのみそれを渡ることが許された。さらに、彼らの船荷のすべては、彼らの五十日の滞在期間内に、天領都市から来た認可を受けた商人組織に対して、決められた価格で売却されなければならなかった。[5]」そのように面倒な条件の押し付けも、ポルトガル人をあきらめさせることはできず、彼らは船荷を積載したガレオン船を長崎に送り続けた。

しかし、一六三八年に止め釘が落ちた。それは島原の乱が直接的な原因であった。恐らく、キリスト教改宗者による反乱が、あのような多人数で、しかもあのような決意の基に行われたという事実だけをもってしても、弱腰の江戸幕府がポルトガル人全員を追い出す決心をする要因としては十分であったであろう。しかし、ポルトガル人は島原の乱を扇動したと疑われ、日本の権限当局はその事実の証拠を有していると確信していた。ポルトガル人たちが、幕府の命令を無視して宣教師を日本に送り続け、それら宣教師たちに食料その他の必需品を供給し、そして島原の乱を扇動したことを理由として、今後、日本に来るすべてのポルトガル船をその積荷と共に焼却し、その乗船者を全員処刑することを宣言する布告が一六三八年に発布された。

この布告が強制されるまでには、十分な時間的猶予が与えられた。その時点で長崎に停泊していた

5　A History of Japan（Murdoch and Yamagata）。〔原文注記〕

ポルトガル船に対して、商取引を終えてから港を出ることを許しただけでなく、その翌年にも、マカオから二隻のガレオン船が到着すると、彼らに布告の写しを渡し、厳しい警告と共に単に追い返しただけであった。しかしポルトガル人は、スペイン人、オランダ人、そしてイギリス人が割り込んでくるまでは交易によって莫大な利益を上げており、そして今また、オランダ人は侮り難い競合相手であり続けているものの、スペイン人は排除され、イギリス人も撤退し、そして日本人も自国の支配者たちによる自殺行為的な政策によりシナに船を送ることがもはや不可能となっていたため、交易によってさらに多くの利益を期待できるようになり、それを簡単に放棄することができなかったのである。

従って彼らは、一連の出来事の中で最も悲しい結果の一つを生むこととなる行動をとってしまったのである。マカオで最も尊敬されていた市民である四人の長老が使節団として、高価な貢物のみを積載した船で長崎に送られた(一六四〇年)。彼らは、長い間マカオから日本へ一人の宣教師も入国していなこと、ポルトガル人は島原の乱と何の関係も有していなかったこと、そして、交易の中断はポルトガルと同様に日本にも損失となることを言明した申立書を携えていた。この使節団は一六四〇年七月一日に長崎に到着し、彼らの申立書が送られた先の江戸から彼らを処刑する最終的命令および処刑執行人が到着するのには二十四日で十分であった。抵抗する可能性は皆無であった。日本側はその船の舵、帆、火器、弾薬を撤去し、使節団とその従者たちおよび船員を出島に連行しそこで監視した。八月二日に全員が奉行所への出頭を命じられ、そこで、使節団は国際法によって保護されるべきであるという彼らの主張が述べられた後、その十三日前に江戸で書かれた判決文が彼らに読み上げられた。

翌朝、棄教すれば命を助けるという申し入れがポルトガル人たちになされた。しかし全員がその申し入れを拒んだため、殉教の丘に連行され、使節団およびその仲間五十七人の首が落とされた。十三名はこの出来事をマカオに伝えるために助命された。これら十三名は、ガレオン船が焼かれるのを見届けた後、奉行の屋敷に案内され、そこで奉行は彼らに対して次の事項を伝えた。

「次のことをマカオの居住者に伝えることを怠るべからず。日本人はその者らから、金、銀、その他如何なる種類の貢物や物品、即ち一言でいえば、その者らから一切の物も受け取ることを望んでいない。其方らは、昨日処刑された者たちの服まで私が焼却させたという事実の証人である。マカオの居住者も、もし機会が生じた場合には、我々を同様に扱うがよろしい。我々はそれに何の不満も無く同意するものである。その者らには、我々はもはやこの世に存在しないが如く、我々のことに関して金輪際考えを巡らさぬよう伝えるべし。」

最後に、この十三名は殉教の丘に連れて行かれた。犠牲者の首の上には、使節団に関する事情および処刑理由を説明した札が掲げられ、それは次の言葉で結ばれていた。「太陽が地球を暖め続ける限り、キリスト教徒に来日するなどという大胆な行いをさせてはならず、それがフィリップ王自身であったとしても、また、キリスト教の神自身もしくは偉大な釈迦であったとしても、この禁止令に背く者はその首をもって償うこととなることを万人に知らしめよ。」

スペイン人およびポルトガル人の日本からの追放、並びに日本による鎖国政策の実施が、キリスト教のみをその原因としたものであることを、江戸幕府の重役たちが、子々孫々まで明確に示すことを望んでいたのであれば、これ以上決定的な証言を記録に残すことはできなかったであろう。マカオは、この出来事を自分たちの「俗界の使節団が、天界の使節団となった」という喜びをもって受け止めたが、日本の強情さを克服するすべての望みを捨てはしなかった。一六四〇年にポルトガルが自国の独立を再び手に入れると、マカオの住民たちは、日本に使節団を送るようリスボンに要請し、一六四七年七月十六日にドン・ゴンザロ・デ・シケイラ（Don Gonzalo de Siqueira）が長崎に二隻の船と共に到着した。ポルトガルとスペインとの間のすべての関係が断絶され、かかる二国間において実際に戦争が現在行われていることを説明し交易関係の再開を促す、ポルトガル国王ジョン四世（King John IV）からの書簡を彼は携えていた。ポルトガル人たちは、舵と武器を放棄することを拒否すると、ただちに五万人の侍によって威嚇され、九月四日に静かに港を出ることができ安堵したのであった。これが中世史におけるポルトガルと日本との交わりの最後の出来事である。

出島におけるオランダ人

オランダ人が日本で居留地を設けることを検討した際（一六〇九年）に、家康は「誰も彼らに危害を加えてはならず、私は彼らを自分の臣下として支え、擁護する」という約束を記した書面を彼らに渡した。さらに、彼らに付与された許可の中には、彼らの船が入港したすべての港において、如何なる方法によっても彼らに危害を加えたり彼らの妨害をしてはならず、「逆に、あらゆる形態の協力、好意、および援助が示されなければならない」という条文が含まれていた。彼らは本拠地として日本の何れの港も選択し得たのであるが、不幸にも平戸を選択してしまった。

長年の間、その選択を後悔する理由は生じなかった。オランダ人によるスパイス諸島の占有、並びに彼らの事業運営および資本力は、日本の海外貿易において主導的な地位を彼らに与えた。環境が著しく悪化し、イギリスが多額の損失を出して事業を閉鎖した時でさえ、オランダ人は年率七十六パーセントの利益を上げていたと記録されている。彼らの平戸での活動は、純粋に商業的な性質のものではなかった。英蘭「防衛艦隊」は、平戸の港をスペイン人およびポルトガル人に対抗する活動の基地としていたのである。その艦隊は捕獲物を平戸に持ち込み、その利益は艦隊とオランダおよびイギリスの商館との間で等しく分配され、この取り決めによって一六二二年には十万ポンドが取り扱われた。しかし、外国人の一部の者はカスティリャ人又はポルトガル人とは異なる形態のキリスト教を信仰しているが、それでもやはり一つの同じ宗教であるという理由で、徳川幕府内ではすべての外国人を追放することを主張する一派が、家康の死後に勢力を増した。この政策は決定的には採用されなかったが、一六二七年にゼランディア城（Fort Zelandia）の司令官が江戸を訪問した際に彼に向けられた不作法な応対をもってそれを実感させたのであった。彼は翌年ゼランディアに入港した日本の船に対して報復を試みたが、日本人は彼を捕え、失った時間に対する賠償金を取立て、人質五人を得て、それらを日本の牢獄まで連行した。

この時の日本政府は、自国民が外国人によって受けた危害を許容することは決してなかった。ゼランディアでの出来事が江戸に伝わると、特定のオランダ船の差し押さえおよび平戸に在る商館の閉鎖の命令がただちに出され、この禁制は四年間取り除かれることがなかった。商業上の取り決めもまた、より不利益なものとなった。オランダ人は、概して主要な輸入商品であった絹を、公開市場において売り捌くのではなく、免許を受けた大阪商人の組合に長崎で渡すことを要求され、長崎と大阪の両方ともが天領であったため、この方法により江戸幕府はその取引から利益を得ることができた。この負担の大きい制度を忌避しようとする試みが江戸からの極めて厳しい叱責を惹起し、その後間もなくして、如何なる日本国民もオランダ人の住居の外でそれらの召使として働くことが禁止された。島原の乱（一六三八年）の際にオランダ人が原城の砲撃に協力したことにより、オランダ人は幕府に対してある程度の権利を主張することができたが、同年にオランダ人は、もし彼らの船が宣教師又は宗教上の物品若しくは書物を搬送した場合、最も厳しい罰が下されることとなるという、専制的な警告を受けた。

キリスト教に関係するあらゆる物に対する嫌悪の情が極めて深かったため、オランダ人は、新しく建てた倉庫のいくつかにキリスト紀元に基づく日付を刻んだことにより、危うく彼らの商館の崩壊、そして恐らく彼ら自身の破滅をもたらすところであった。当時たまたま、カロン（Caron）という非常に見識に富んだ人物が商館を統轄しており、彼は一瞬も躊躇することなく、それらの倉庫を取り壊すために四百人の男を派遣し、日本人が暴力に訴える口実を提供し得るもののすべてを排除した。しかし、彼は、それからは安息日を祝わないこと、および日付をキリスト紀元に基づき認識しないことの約束を強要された。その数ヶ月後に、江戸が抱く嫌悪の情の更なる証拠が提示されることとなった。オランダ人が輸入した品物のすべてを、価格が低いという理由で他へ持ち去る選択肢を与えずに、それらが到着した年内に処分することを命じる布告が発せられたのであった。そのため彼らは、大阪商人組合にされるがままとなったのである。さらに彼らには、牛の屠殺および武器の携帯が禁止され、全体的に見て、彼らが営みを継続することが不可能な状況となったように思われた。

抗議のためにバタビアから派遣された特使は、将軍に謁見することが叶わず、家康から当初授けられた特許状を陳情の目的で提示したが、次の返答を受けることとなった。「貿易を行うために外国人が来るか否かは日本にとって少しも重要なことではないということを其方らに伝えるよう将軍が我々に命じた。しかし、家康公が授けた特許状を考慮し、オランダ人が平戸を引き払い、長崎港内に彼らの船を連れて新拠点を構えることを条件に、オランダ人がその事業を継続すること並びに彼らの商業上およびその他の特権を維持することを将軍は快く認めることとした。」

当初オランダ人たちは、これが災難であるとは考えていなかった。平戸における三十一年にわたる彼らの居留期間中、彼らは完全なる自由を謳歌し、当地の領主およびその家臣たちと素晴らしい関係を築き、事業も繁盛していた。しかし、その場所の狭さ、そして停泊地としての不便さは常に感じられており、長崎への移動は、傑出した港と得意先の大幅な拡大を約束するものであった。従って、出島という、最も長い面でも三百ヤードに満たない四角形の、長崎の町内での生活とはかけ離れた島に彼らが閉じ込められることとなり、町中に入ることすら許されないことを知った時の彼らの失望は激しいものであった。シーボルト（Siebold）は次のように記している。

「門番が長崎の町との間のすべての通信を不可能としている。重要な理由および奉行による許可の無いオランダ人は門から出ることができない。（売春婦を除く）如何なる日本人もオランダ人の家に居住することは許されない。これでも不十分と言わんばかりに、出島内においても我々国事犯は厳しく見張られている。如何なる日本人も、証人（幕府のスパイ）のいない所で彼自身の言葉でそれらの者と会話をしてはならず、それらの者の家を訪ねることも許されない。奉行の手下が倉庫の鍵を管理しており、オランダ人貿易業者は彼らの所有物の主ではなくなった。」

耐えなければならないさらに侮辱的な処遇が存在した。如何なるオランダ人も日本の土地に埋葬されてはならず、死体は海深く葬られなければならなかった。すべてのオランダ船からは、舵、火器、および弾薬が運び出され、それらの帆は封印され、船は最も厳格な検査を受けなければならなかった。如何なる宗教上の儀式を執り行うことも禁止された。奉行の許可無くして何れの者も、あるオランダ船から別のオランダ船へ移動することは許されなかった。時には日本人の木端役人によって将校やその他の者が理不尽にこん棒で打たれることもあった。端的に言えば、彼らは極めて下等な生活を強いられたのであった。この極端な厳しさはその後幾分緩和された部分もあるが、オランダ人の二百十七年にわたる出島での滞在期間中に、面倒で屈辱的な数々の制限から彼らが解放された時はなかった。彼らがそこに移されてから十一年後に、国家の名誉を顧慮し、あまりにも不名誉な扱いを受ける事業を最終的に放棄することの適否が深刻に話し合われたが、未だに多額の利益を生んでいる独占的事業を手放すことに対する当然の躊躇に、状況改善の希望が加わり、彼らは辛抱することとした。

　この時点における長崎での海外貿易は相当な額に上った。銀約八万ポンド相当の船荷を積んだ七隻から十隻のオランダ船が毎年この港に入り、その主要輸入商品は絹と反物であり、幕府は五パーセントの関税を賦課した。しかし、これが課された賦課金のすべてではなかった。あの小さな島である出島とそこに建つ家々の賃料として毎年銀四百五十九ポンドが払われなければならなかった。さらにオランダ人は毎春、将軍、将軍の跡継ぎ、および幕府役人に対する総額銀五百五十ポンド相当の贈り物を運ぶ使節団を江戸に送ることを要求された。それでも金および銅（特に後者）を輸出目的で購入することにより利益を上げたが、大量の銅がそのように国外に持ち去られることを心配し始めた日本の権限当局が、船の数およびそれによって持ち込まれる、また持ち出される船荷の制限を設けるまでのことであり、かかる制限の結果、一七九〇年には毎年一隻の船しか入港できず、三百五十トンまでの銅しか持ち去ることができなくなっていた。その一方で、商館の館長による正式な江戸訪問は、五年毎に一度に減らされ、その者によって運ばれる贈り物の価値も半分に減額された。

入国拒否政策採用による日本の損失

　博識の歴史家たちは、そのように国を西洋諸国との接触から隔離したことによる日本の直接的損失は小さいものであったと主張している。確かに、十七世紀に日本が欧州諸国から学べたであろうことは多くなかったことは事実である。欧州諸国は、宗教上の寛容さ、国際関係上の道徳、社会的な礼儀作法、芸術的な着想およびその実行、そして、近代文明のよく知られた標語となっている門戸開放と機会均等に関して、日本に教えられるものは少しもなかったのである。

しかし、これらのすべてを認めたとしても、日本が競い合う環境から隔離され、ほぼ二世紀半の間、国際的な対立関係の炎によって日本の知恵を暖める機会も、知識の交流から創造的刺激を得る機会も持つことができなかったことは重大な事実である。日本は、世界が動き続けている間も、比較的静かに佇んでいたのであり、西洋諸国を牽引する人々と日本との距離が、日本がその存在に目覚めるまでの間に、物質的文明の事柄において大きく広がってしまったのである。本頁の後に続くこととなる日本の歴史が、現代の一人の著述家によって正確に要約されている。

「国家方針のこれ以上完全な変容を想像することは困難であろう。一五四一年の時点で日本人は、海外における偉業によって、極東の全地域にその高名又は悪名を馳せていた。彼らは『海の王者』として知られ、外国との交易はもとより外国の信仰の布教をも妨げることなしに、外国人を心温かく、快く受け入れ、僅か数年の間に二十以上の海外市場と商取引関係を築くほどに、外国との交易の利益をただちに認識しかつそれを遂行する才能を有し、ポルトガル人、オランダ人、そしてイギリス人に日本のすべての港において取引を行うことを許していたのであり、端的に言うと、商業活動、外洋航行による冒険的事業、および、産業上の自由主義において成功を収めるために必要とされる要素のすべてを持ち合わせていたのである。一六四一年にはそのすべてが逆転していた。交易はオランダ人を除くすべての西洋人に対して禁止され、オランダ人も縦二百ヤード、幅八十ヤードの小島に閉じ込められていた。日本人は、外国の信仰への傾倒を示す極めて軽微な兆候を理由として恐ろしく過酷な罰則を受けることとなり、国境を越えようとする如何なる試みも斬首の対象とされ、沿岸付近を越えて航行できる大きさの船の建造は禁止された。その事実を認めることが如何に疎ましいことであるとしても、これらすべての変容の責任がキリスト教の布教活動に在ることは明らかである。十七世紀の初めに日本が採用し十九世紀の中頃まで固い決意で継続された鎖国政策は、反キリスト教徒であって、反外国ではなかった。その事実は、これ以上明確に認識しようがないほど明瞭なものである。これが、上にそれらの概要を述べた出来事が示す主たる教えである。鎖国状態にあった全期間を通して西洋人は、『外国人』、『西洋人』、又は『異人』など、単に外国人を意味する、現在では一般的に使用される言葉の何れによっても日本人に知られていなかった。西洋人たちは一般的にバテレン（パドレス＝神父）と呼ばれていたのである。そのように、人々の目には、外国との交わりとキリスト教の布教活動とが完全に同一化されていた。キリスト教と関連付けられた『外国との交わり』が、日本人の耳にとっては、『外国による侵略』、『太古からの帝の王朝の転覆』、および『八百万の神の国の独立の喪失』と同義語となっていたことを思い起こせば、この問題に対する日本国の精神的な姿勢を理解することは決して難しいことではない」。

二　近代における外交

オランダとロシアの影響

十七世紀中頃から十九世紀の初めまで、日本は鎖国政策を厳格に実施することに成功した。しかしこの時代の終末時において、二つの影響が日本の自立を乱し始めた。一つは、オランダ人幽閉所である出島という窓の、細い隙間から徐々に漏れてきた外界からの光であり、もう一つは日本の北沿岸部に頻繁に出現するロシア船であった。

前者はゆっくりと進行し、まず初めに、人体構造に対する概念の、オランダ人と日本人との間の根本的な違いについて、偶然知識を得た少人数の若者の集団による、解剖学の勉強の中で具体化した。これらの研究生の努力は、伝奇小説の一齣のようなものであった。彼らはオランダ語の知識が殆どないまま、莫大な費用を投じて入手したオランダの医学書を解読する作業に取り組み、その些細な始まりから、彼らの国が西洋諸国における物質的および知的発展から大きく遅れを取ってしまったとの、漠然ながらも強い確信へいたったのである。

当時外国の書物を研究することは犯罪行為であったため、彼らは秘密裏に作業を進めた。しかし、その中の一人の愛国心は用心深さに勝り、海軍構築の必要性を唱え、さらに日本帝国の北端の国境にロシア人が襲来することを予測する小冊子を大胆にも発行した。この洞察力に富んだ男が牢獄で五ヶ月を過ごし終わる前に、彼の先見の正しさが実際の出来事によって証明されたのである。

初めロシアは、交易関係の平和的構築を希望しているように装った。諸外国の歴史に関して日本人がより深い認識を有していたならば、極東における商業上の結び付きをロシア人が追求するその意図を、どのように解釈すべきかを百年前に知っていたであろう。しかし彼らはこの問題に対して、その表面的な理非に基づき対応し、ロシア皇帝の使節団を数ヶ月も長崎で漫ろに待たせた挙句、最終的な回答として拒絶を伝えると同時に、港からただちに立ち去ることを命じたのであった。かかる扱いと、その後千島列島の択捉島に上陸した自国民が多数投獄されたことに激怒したロシア人は、武力をもって報復行動に出た。樺太および択捉の日本人居留区が襲撃されて焼き払われ、さらに、その他の諸地域においても威嚇され、日本の船が複数破壊された。

この教訓は江戸幕府の役人たちの頭に深く刻まれた。彼らは、外国書物の研究を解禁し、その結果、襲来する外国船に武力で立ち向かうには日本は幾分能力不足であるという、一部受け入れ難い結論に達したのであった。しかし、ナポレオン時代の間、欧州諸国の関心がそちらに吸収されていたため日本が注目を引くことがなくなると、幕府はこの一時的な休止を誤って解し、外交を勇ましく拒絶するという旧来の政策に逆戻りしてしまったのであった。

米国人による事業

この間、もう一つの勢力が日本との親密な接触を築き始めた。アラスカ沖のロシア近海並びにシナおよび日本の近海での捕鯨産業が、米国資本の多額の投資を呼び込み、毎年何千人もの米国人によって推し進められていた。ある一季節の間に、八十六隻もの捕鯨船が日本北部の島である蝦夷から容易に目視できる距離を通過しており、外国船の様子は見慣れた景観となっていた。時折米国のスクーナーが日本の海岸に打ち上げられた。生存者は通常、そこそこの配慮をもって扱われ、最終的にバタビアに移送するために出島に送られた。ハリケーンによって航路から外れた日本人船乗りもまた、「黒潮」の流れにはまって時々アリューシャン列島、オレゴン、又はカリフォルニアに運ばれ、複数の事例において、そのように難破した船乗りたちは米国船の厚い好意によって日本に連れて返された。かかる救援行為の一つを実践していた「モリソン（Morrison）号」は、一八三七年に江戸湾に入りそこから鹿児島に向かったが、大砲によって追い払われることとなった。そして一八四五年には、同様の救援行為の執行の際に「マンハッタン（Manhattan）号」が浦賀に四日間停泊し、その間に船長（Mercater Cooper）が書物や海図を収集した。彼の体験が、米国政府による日本の開国の試みを誘発したようである。大砲九〇門を搭載した船一隻とスループ型帆船一隻がこの使命を帯びて送られた。これらは（一八四六年七月）浦賀沖に錨を下し、ビドル（Biddle）提督が交易を促す適切な申し込みを行った。しかし彼は確然たる拒絶の回答を受け、米国政府から敵意や不信感を煽ることとなるような行為を慎むよう指示されていたために、静かに錨を上げ出帆した。

大英帝国の舞台への再登場

これと同じ年（一八四六年）に、一隻のフランス船が琉球諸島に到着し、その島民に対して、英国の侵略に対する唯一の安全保障の手段は、島民をフランスの保護の下に置くことであるという説得を試みた。実際に大英帝国はその時、シナ南部に積極的にかかわり始めたところであり、英国の軍艦がいつ何時日本近海に侵入してくるかも知れないという警告が、出島から江戸へ複数回届けられていた。西洋人に対する偏見を日本人が持つよう仕向ける試みに関して、オランダ人が強く責められてはいるが、当時存在していた商業上の対立から生じる要求が、その十分な釈明となっていないとすれば、英国とオランダがその少し前に敵対関係にあり、長崎で目撃された最後の英国船[1]は、バタビアから毎年来るオランダ交易船を拿捕することを狙ってそこに来ていたことが思い出されるべきである。その出島からの警告は、未だ現実とはなっていなかったものの、日本人の不安感を増加させたことに疑いはない。

その後、一八四七年にはオランダ国王自ら介入した。彼は、鎖国政策を止めることを日本に助言す

1　英国軍艦「フェートン（Phaeton）号」は、一八〇八年にその港に入った。〔原文注記〕

る公文書と共に、世界地図と様々な書物を江戸に送った。オランダ国王による忠告を受領してから数ヶ月も経たないうちに（一八四九年）、グリン（J. Glynn）指揮官が指揮する米国のブリッグ船「プレブル（Preble）号」が長崎湾に錨を下し、北部の海域で難波した後バタビアへ移送されるために日本の待機施設に拘留されている十八人の船員をただちに引き渡さなければ、町に砲撃を加えると威嚇した。

一八四九年にオランダ国王からもう一通の公文書が江戸に届き、そこには、米国の艦隊が日本の領海に翌年現われる可能性があり、日本が友好的通商関係の締結に同意しない場合は戦争が不可避となることが報告されていた。この公文書には、署名のために提示されることが見込まれる条約文のおおよその案文と共に、米国政府から欧州諸国に宛てた覚書の写しが添えられており、その内容は、企図されている遠征を、西洋諸国だけでなく日本にとっても有益なものとなるという理由によって正当化するものであった。

ペリー提督

一八五三年にペリー提督が、五百六十名を乗せた四隻の軍艦から成る小艦隊を率いて浦賀湾に入った。蒙古艦隊の襲来以降、これほど威嚇的な外国の軍事力を日本領海内で見ることはなかった。秀吉や家康の時代であれば勝利の確信を持ってこれら艦隊を迎え撃ったであろう人々と同じ国の人間は、激しく動揺した。違いはこれに止まらなかった。この時の将軍の先祖たちは完全に専制的な権限に基づき国の事柄を統治していたが、この時の将軍は、この状況を検討するために封建家臣たちから成る評議会を招集したのである。そして、幕府の設立以来一度も経験したことのないような国家の緊急事態以外は天の助けを求めることをしない京都の朝廷は、この時には七つの主要な神社および全ての重要な寺院において国土の安全と外国人駆除のための特別な祈願を行うことを命じた。そのようにして、米国の小艦隊の出現は、それまでその対象が各封土の権益に限られていた憂国の精神を、国家全体のための大義として呼び覚ましたのであった。

かかる精神を喚起しようという考えを将軍が有していたようには見えず、憂国の精神の高揚に対する将軍の貢献は意識されたものではなく、彼の重臣たちの行動は当惑した動揺に基づいていた。この江戸幕府の決意の柔弱さは、朝廷の一意専心の決意との大きな違いを示し、そのため一方の威光は大きく損なわれ、他方のそれは相応して増大した。

しかしペリーは、彼の申込みを支えるために武力に訴える権限を有していなかった。米国政府は、ペリーによる武力の陳列がもたらす精神的な影響のみに頼っていたのであり、ペリーの同国人は、ミシンからミニチュア鉄道まで、平和的発展の産物である大量の品々を彼に持たせていた。ペリーは理不尽に条約締結を強要することなく、十日間浦賀沖に停泊し、大領領の書簡を日本の君主に発送した後、翌春に再訪問する予定を告げると、七月十七日に出航した。

ペリーが出立した後の日本人の行動は、彼らの古い文明の道具が、新しい文明の様々な手段に抵抗するには無力であるという確信を、彼らがどれほど完全に且つ迅速に得たかを示している。長期間強制された遠洋航海用船舶建造の禁止を解く命令が発せられ、各藩主は大型船の建造および武装を奨励され、軍艦の調達および近代軍事科学に関する最良の著作物の全てを欧州から取り寄せることをオランダ人が委託され、出島という媒体を通して何らかの専門的知識を得た者は皆政府にとりたてられ、砦が建設され、大砲が鋳造され、軍隊が訓練された。

しかし、これらの全ての努力から得られた結果は、日本に外国の強要を拒む力が無いことの新たな証拠のみであり、よって、もし米国人が戻って来た場合には彼らに対し平和的に対応しなければならないという指示が一八五三年十二月二日に出された。ペリーの蒸気で推進される船、強力な火器、およびそれらが運んで来た西洋の驚異を体現する見本の品々の光景が、何の条約や協定も必要とすることなしに日本の鎖国の壁を実質的に打ち壊したのである。翌年二月にペリーは戻り、六週間にわたる儀礼および儀式のやりとりの後、難破船の船員に寛容な措置を与えること、外国船が日本領域内で必需品および食料を取得することを許すこと、そして米国船が下田および函館港に停泊することを許すことを日本に誓約させる条約を獲得した。

この二度目の来日の際には、ペリーは十隻の船と二千人の乗組員を引き連れており、彼が条約締結のために上陸した時には、二十七隻のボートに分乗した総勢五百人から成る儀仗兵によって護送された。日本人との交渉におけるペリーの賢明な武力誇示および明敏な機転に関しては多くが書かれているが、彼の偉業がもたらした結果が、その手段自体に過度の輝きを帯びさせているとも考えられる。近代日本の驚異的な進展の出発点に位置する彼の人物像は、その周囲の環境が放つ光を反射して輝いているのである。

最初の通商条約

ロシア、オランダおよび英国は自国のために、一八五四年にペリー提督によって締結された条約と同様の条約の確保を迅速に行った。しかし外国との交易に対して日本の門戸は未だに閉ざされたままであり、その解放は、強大なアメリカ合衆国のもう一人の市民によって成し遂げられることとなった。その人物とはタウンゼント・ハリス（Townsend Harris　一八〇三―一八七八）という、日本における初代米国総領事である。

一八五六年八月に到着すると、翌年六月にハリスは、下田および函館に永住できる特権、長崎の解放、領事裁判権、および他の重要性が低い特定の特権を、米国民に保障する条約を締結した。それでも交易の認可は留保されており、自分が江戸に出向き将軍の重臣たちと直接協議しない限りこの重大な目的を達成することはできないと確信したハリスは、それを実行するための許可を繰り返し迫った。彼がそれに成功するまでに十ヶ月も要することとなり、そのような日本側の抵抗の表明は、その直後から何年もの間、極めて否定的に批判された。

そのような批判は、日本の国内政治に対する無知が起こさせたものであった。京都の朝廷と江戸幕府とから成る政府の二重制度の廃止を望む国民の強い感情の増幅によってすでに弱体化していた江戸幕府は、外国との交易の問題に関して君主が示した堅固な態度と比較して幕府の政策が弱腰なものであったため、一層威信を失っていた。そのような時期に公に通商関係を是認することは、無謀と言われるに等しい行為であった。ペリーとの条約およびハリスとの最初の条約は、単に外国人に対する善行であるという解釈が可能であり、事実、意図的にそのように解釈された。しかし、通商条約に対してはそのような解釈は不可能であり、将軍の重臣たちは明らかに自殺行為となる一歩に同意することを当然躊躇したのである。

しかし、ハリスは自分の主張を押し通した。彼は一八五七年十一月に江戸で将軍に迎えられ、そして、一八五九年七月四日付で横浜を解放し、その後そこで米国と日本との間の交易が自由に行われることを約束する内容の条約が、一八五八年七月二十九日に江戸において締結された。この条約は、実際には将軍の重臣たちが京都に居る君主の承認を得ることに失敗したにもかかわらず、彼らによって締結されたものであった。外国の歴史家らは、京都の朝廷に対する江戸幕府の従属的地位を隠していた日本の不誠実さに関して多くの批判を述べている。しかし、より十分な認識を有していれば、そのように非難することはできないのである。

江戸の権力者たちは、京都に伺いを立てることなしに外国との交易に関するあらゆる問題を解決する権限を有していた。家康は、彼が東インド会社の代表者らに交易を行う自由を制限無しで与えた際に、天皇の同意を求める必要性を認めなかったし、家光が全ての外国人を追放する命令を発布した時も京都の承認を要請しなかった。もし、江戸幕府が十七世紀に躊躇することなしに引き受けた責任に、十九世紀になって尻込みしたのであれば、その原因は、将軍が自治権を有している振りをしていたということにあるのではなく、将軍が、その政策が不可避であることを認識しながらも、それを国に受け入れさせる能力が自身に欠けていることを疑い、君主にもその政策に賛同してもらうことを望んだことにあるのである。しかし、将軍の重臣たちはハリスに条約の締結を約束し、そして、この米国の総領事には考えの及ばない大きな危険を冒して、その言葉を守ったのである。

この交渉を通してハリスは、もはや世界と距離を置くことは不可能であるという、理性に基づいた確信を日本人の頭に植え付ける努力を惜しまなかった。日本人自身がすでにその確信に到達していたのでなければ、彼が果たしてそれに成功したかは極めて疑わしいものではあるが、彼の辛抱強さと明快な説明に加え、人の心を引き付ける人間性は、間違いなく多大な効果を及ぼした。

ハリスはまた、大沽砲台が攻略され、シナが天津において条約の締結を強いられたという、その少し前にシナで起きた出来事によっても大きく助けられた。ハリスは、英国艦隊がいつ何時江戸湾に姿を現すかも知れず、英国人による厄介な要求を回避する最善の策は、米国の提案を受け入れることによって比較的穏やかな内容の前例を確立することである、と日本人に忠告した。

条約の影響

この条約は、その前の条約とは異なり、純粋に慈善的な容認として説明することは不可能であった。

これは貿易と外国商人の居住を明確に許すものであり、従ってついに日本の伝統的な鎖国を終わらせることとなった。さらにこれは、君主がこの種の何れのものも承認することを拒絶したにもかかわらず締結されたものであった。その結果、激しい騒動が生じた。日本は三つの派に分かれることとなった。一つは自由交易と進歩的な自由主義を主張し、もう一つは、外国人に最小限の特権のみ付与すべきと主張しながらも、ただちに武力をもって抵抗すべきか、または準備のための時間稼ぎの交渉を行うべきかの何れが賢明であるか、判断できずにいた。三つ目は妥協の無い鎖国を主張した。

将軍は、大名たちの協力を確保できることを期待し、再び彼らとの会議を招集した。しかし、ほぼ例外なく彼らは譲歩することに反対した。よって幕府には、断固とした自由主義的政策を採用する以外の選択肢はなかった。幕府はその意に沿った命令を発布し、その時から江戸幕府と京都の朝廷とは互いに決定的に対立した立場をとることとなり、保守派は後者に、革新派は前者に与した。

この状況は外部者にとっては困惑に満ちたものであり、外国の代表者たちはそれを誤って解釈した。彼らは、将軍の重臣たちが単に自身の条約上の義務を回避し、外国人居留者にとって耐え難い状況にしようと試みていると推察したのであるが、実際には、状況は幕府自身にとって耐え難いものとなろうとしていた。とは言うものの、江戸の役人たちに全く不誠実さがなかったとは言えない。彼らは自己保存の必要に迫られて、外国との交易を一時的な性質のものとする譲歩を京都に対して行ったのである。

脅威となっていた政治的危機はそのようにして回避されたが、政府の二重制度に反対する者たちの力は日毎に増していった。彼らの手段の一つは、外国人を暗殺することによって、幕府を西洋の強国との紛争に巻き込み、幕府に無理やり行動をとらせるか、またはその転覆を早めるというものであった。外国人は日本における諸問題の解決を探るにあたり、特に西洋人が東洋のあらゆるものに対して有していた常習的な不信感の全てをもって臨んでいたため、彼らが思い違いをしてしまったことも、恐らくは驚くべきことではないのであろう。であるから、横浜の居留地に重大な危険が迫っていることを認識した江戸幕府が、そこを警備するという予防策を講じた時に、外国の公使らは、自分たちの権益を侵害しながら用意周到な策略が実行されており、自分たちに対して日本の権限当局が行った説明は真実ではなく国政術に支配されたものであり、後者による注意喚起は、外国人が享受している自由を制限するための口実として装われたものである、と思い込んだのである。そのため、無法者がいつ何時切り付けてくるかも知れない中心街の路上に、公使館の居住者たちは可能な限り姿を現さないようにすべきという忠告は、ほとんど侮辱として扱われた。

その結果、日本の権限当局は、町中を移動する全ての外国人に対して、武装した護衛を付ける以外の方法を見出せなかった。しかし、単なる気まぐれや邪悪な企てに基づき採用されたものではないことが明らかであるこの予防策ですら、新たな不信感を生じさせることとなったのである。英国の代表者は、本国政府へのこの出来事に関する報告の中で、日本人がこの機会に乗じて、複数の公使館においてスパイ、監視人および警察官を駐在させるようにしたことに加えて、公使館員が移動する際には常に騎馬護衛官を随行させるようにした、と述べている。

外国人襲撃およびその結果

丁度このころ（一八六二年）、朝廷と幕府との間の異なる意見の折り合いをつけるために、江戸の政治家たちは、天皇の妹と将軍の婚姻を取決めた。しかし、この合体の実現のために、十年以内に日本から外国人を排除するという約束をもって京都の保守派を懐柔しなければならなかった。これが知られると、復古主義者たちの影響力が強まり、さらに、この婚姻が天皇を廃位させる陰謀の始まりであると解釈した江戸幕府の敵に、新たな攻撃の手段を提供することとなった。

外国人に対する殺意を持った攻撃はより頻繁となり、それらのうちの二件の暴行が重大な結果をもたらした。横浜と江戸を結ぶ街道で、薩摩藩主一行の行列を三人の英国人が無理矢理横切ろうとし、そのうちの一人が殺害され二人が負傷したのである。かかる暴行は「攘夷」の感情によって生じたものではなかった。これらの英国人が犯したような礼法違反を如何なる日本人が犯しても、同じ末路を迎えたに違いないのである。

これに関わった家臣の引き渡しを薩摩藩主が拒み、そして、日本において最も有力であったこの封建領主に対して影響を及ぼす力が将軍にはなかったため、英国政府は薩摩領地の首都である鹿児島を砲撃するために小艦隊を送った。それは決して輝かしい手柄を挙げなかったが、それがもたらした結果は非常に貴重なものであった。英国船による軍事行動が、西洋の軍備を前にしては彼らが無力であることをついに薩摩人に納得させ、彼らを進歩的発展の提唱者へと転向させたのである。

この鹿児島の砲撃の三ヶ月前には、もう一つの有力な藩が戦いを挑んでいた。下関における内海への入口を砲台を用いて管制していた長州藩主が、米国、フランス、オランダの旗を掲げた複数の船を砲撃したのである。長州藩主によるかかる行為は、将軍の関知しないところで急進論者たちが天皇から取得した、一八六三年五月十一日を攘夷政策の実質的な発動日と定めた勅令に従ったものであった。賠償金を強要するには将軍の行政能力が不十分であることが再び明らかとなり、主に英国の軍艦によって編成された小艦隊が下関に向かい、長州藩の砦を粉砕し、船を破壊し、侍たちを四散させた。

鹿児島への砲撃および下関における遠征艦隊を目の当たりにして、武力によって西洋に立ち向かう日本国の能力について日本人の何れも自信を持ち続けることはできなかった。かくして、一八六三年は日本の歴史上記憶すべき年となった。その年に、「攘夷」運動が天皇の承認を失い、二つの主要な藩である薩摩と長州が日本国に西洋に反抗する能力が無いことを確信し、分裂および弱体化を招くこととなる封建制度の影響に日本国がほぼ完全に目覚め、そして、外国人に対する因習的な反感が、彼らの文明を学びその最良の特徴を取り入れたいという願望へと変わり始めたのであった。

条約の批准

将軍の政府と米国との間で一八五八年に締結された条約に、欧州の主要な列強との間の同様の協定が当然の如く追随した。当初から、これらの国は自分たちにとって当り前となっている特権を主張するために協力し合うことを約束しており、勿論英国をその主導者としたのであるが、そのような協力関係が公表されることはなかった。これらの条約は、数年の間勅許が得られぬままおかれていたが、時が経つにつれ、その欠陥がそれらの調印国の注意を引くようになった。

一八六五年に英国の利権は、鋭い洞察力および不屈の勇気を有し、シナでの長年にわたる服務期間中に学んだ幾分威圧的な手法を用いる、ハリー・パークス（Harry Parkes）卿に託された。その時江戸の英国公使館の日本語秘書官の職には、比較的短時間で実用的な日本語を習得した、非常に優秀な英国人の若者が就いており、さらに、江戸の英国公使館はこの時すでに、その後現在にいたるまで常にそうあり続けているように、日本におけるこの類の機関としては最も設備の整った機関であった。それらの設備およびサトウ（Satow、後のアーネスト・サトウ〈Ernest Satow〉卿）による諸調査の助けを借りて、パークスは、江戸幕府が崩壊に向けてぐらついており、京都の朝廷による政権回復が西洋諸国にとってだけでなく日本の利益にも資することとなり、天皇の条約勅許が、その書面の有効性にとって不可欠であると同時に、外国人に対してその境遇を明瞭にすることとなる、という結論にいたったのである。

さらに、他に二つの目標が自ずと生じた。それらは、条約によって定められている関税を価格の十五パーセントから五パーセントに引き下げること、および、兵庫と大阪の港を、当初定めた二年という期間の終了を待たずにただちに解放すること、である。提案の内容は、これらの承認が無償で与えられるべきであるというものではなかった。四ヶ国連合の小艦隊が下関の砲台を破壊し、そこに停泊していた船舶を撃沈した際に、これら侵略者の手中にあった長州藩領地の首都の買戻し金という名目で、三百万ドル（約七十五万ポンド）の罰金が長州藩主に課せられた。しかし、長州藩主は将軍に対して公に反旗を翻しており、後者がこの不従順な一族から弁済金を受領することができず、その一方で当該四ヶ国連合は何れかの者が支払うことを要求したため、最終的に江戸幕府の勘定所がその債務を肩代わりすることを強いられた。三百万ドルのうち二百万ドルは未払いであったため、パークスはこの債務を、条約の勅許を得ること、関税を価格の十五パーセントから五パーセントへ削減すること、並びに兵庫および大阪をただちに解放することとの交換で免除するという考えを思いついたのである。

彼は、平和的な意図を公言していたものの、東洋の国とのあらゆる交渉において武力の陳列は最前列に位置すべきであるという考えに慣れ親しんでいたため、交渉の場（兵庫）へは、英国、フランスおよびオランダの戦艦から成る艦隊を随行させた。この一撃が幕府の運命を決定付けたとも言える。ここで、その八年前に日本を驚愕させた出来事が、著しく深刻化した状態で再現されたからである。ペリーは江戸の表玄関に軍艦を引き連れて来たが、今ペリーのそれの二倍の威力を有する外国艦隊が皇都の玄関内に錨を下しているのである。理性ある日本人の何れにとっても、これが純粋に平和を目的とした軍事パレードであると思うこと、および、大英帝国の代表者が提案する友好的な取引が拒絶されても、その恐ろしい能力が鹿児島と下関で実証されている威嚇的な艦隊が、静かに撤退するであろうと考えることは不可能であった。

発言がほぼ抑えつけられていた鎖国主張者たちは、聖都である京都をそのような侵害から守れなかった将軍の無能力を非難することにより再び声を上げ、再度攘夷派の影響下に置かれた天皇は、将軍が兵庫における交渉を任せた役人らを罷免および罰することによって、将軍の面目を大きく失わせた。君主によるそのような処置は、家康の時代から徳川家が保持してきた行政権を取り上げるに等しい行為であった。将軍は退位したが、将軍に敵対していた者たちには将軍に取って代る準備ができていなかったため、将軍はその職に復帰するよう説得された。しかし、その威信は致命的に損なわれることとなった。

三ヶ国の戦艦から成る小艦隊は、成功を収めた後その場を去った。パークスは、三項目の承認との引き換えとして補償債務を帳消しにする用意をして交渉に臨んだのであるが、彼は当該債務の一ドルも免除することなく、二項目に関する承認を獲得することができた。

西洋文明の最終的な受容

将軍は、かかる屈辱を受けた後、長くは生きられなかった。彼はその翌年（一八六六年）に他界し、徳川時代の最後の将軍となる運命を背負った慶喜がその後を継いだ。この九年前には、慶喜は鎖国主義者たちによって将軍の候補者として押されていたのであるが、一八六六年にこの栄誉に浴すると、慶喜はただちに軍隊をフランス軍に倣って再編し、海軍を組織するために英国の将校を雇い、自分の弟をパリ博覧会に送り、幕府の慣例や儀式の多くを西洋の慣習と調和するように変更した。

一八五七年に将軍職の候補者であった時に慶喜が代表していた政綱と、一八六六年に権限を継承した際に採用した実務との差異は、その時代の主潮の変容を十分に例証している。最も偏狭な鎖国論者であった者でさえ、その時には外国人排除の考えの全てを放棄し、彼らの文明から最良の要素を取得することを主に考え始めていたのである。

日本人は決断するのは遅いが、ひとたび決断すると、それを行動に移すことはとても迅速である。一八六六年から、新たな精神が国全体に素早く浸透していった。進歩を遂げることが全ての階級の人々の目標となり、日本は理知的な同化に向けた進路をとり、その結果、日本が西洋列強の仲間入りを果たしたと世界中が認める地位を、四十年後に得ることとなったのである。

司法の自治権に対する日本の要求

大政奉還により君主の行政機能が回復された後で、新たに組成された政府が最初に行ったことの一つが、外国の代表者たちを京都に招くことであり、そこで彼らは天皇に謁見した。続いて、外国との友好関係を築く天皇の決意を公表し、「今後外国人に対して狼藉を働いた者は、天皇の命に背くだけでなく、天皇自ら友好関係の維持を約した相手である列強の視点からも、日本の威厳および誠実さを損なうこととなると宣言する」勅令が出された。その時から、年を追うごとに日本と外国との間の関係はより友好的なものとなっていった。日本は著しく綿密に西洋文明の産物を受容し、そして、条約の条項を入念に遵守したのである。

しかし、これらの条約は、間もなく日本にとって過度に煩わしいものとなった重要な一点を含んでいた。これらの条約は、日本国内に居住する外国人には日本の刑法が適用されないとしており、彼らの自国の法廷によってのみ犯罪が糾弾され得るという特権を保障していたのである。この制度は、キリスト教国の国民がキリスト教以外の国を訪問またはそこに滞在する場合に常に必要なものであると考えられており、その制度が実際に機能するために、領事裁判所が設けられた。

外国人を監督する権限を有する唯一の裁判所から遠く離れた地域に彼らが自由に行くことを認めることは賢明ではないため、この制度は、外国人住民の居留区を領事裁判所の近くに制限することを必要とさせた。この制度を条約の中に採り入れることに対して日本人は異議を唱えなかった。仮にそれが一方で日本の主権を侵害したものであったとしても、他方で、裁判権を満足に行使するための準備が日本人に整っていない状況でそれを付託された場合に生じたであろう面倒な事態をこれによって回避することができたため、日本人はその必要性のみならずその賢明さをも理解していたのである。

しかし、領事裁判所に欠陥が無いわけではなかった。列強のうちの二、三国は、法律の専門家によって統轄された適切な裁判所を設立したが、条約締結国の過半数は、それほど大きな自国の利害がかかっていたわけではなかったため、領事の職責を、法律に関する知識が不十分というだけでなく、治安判事としてそれに関する司法的判断を下すことをいつ何時要求されることとなるかも知れない商取引に自らも関与している商人に委任することに甘んじていた。如何なる状況においても、同一の官吏が領事および裁判官の二重機能を無理なく果たすことは不可能である。何故ならば、裁判官としての立場で最終的に公正な裁断を下さなければならなくなる可能性のある事案に関して、同一の者が当該紛糾の初期段階においては弁護人として行為をなす義務を負うこととなるためである。しかし、実務上この制度は、許容できる程度順調に機能していたのであり、全ての主権国家の根本的な属性の一つである司法自治権を行使するために必要とされる適性が日本に欠落しているという推定に対して、日本人の愛国心が強く反発することが無かったならば、長期にわたり有効に維持された可能性がある。

当初から、かかる属性を取り戻すために必要とされる適性を備えるための如何なる努力も彼らは惜しまなかった。日本の法律改正および法廷の改革は必然的に、西洋諸国との接触によって促された全般的な改革の中でも主眼の一つであったが、領事裁判権の問題が明らかにその特別な動機の一つとなっていた。専門的な支援をフランスとドイツから得て、欧州の法制の最良の特徴を日本の状況および慣習に適合させ、法廷は改造され、有能な裁判官を教育するための手段が講じられた。日本の慣習を適切に考慮しつつ、刑法に関しては、主にフランス、商法に関してはドイツ、そして民法に関しては西洋諸国全般の例に倣った。裁判官による合議制裁判の方が正義の実現により資すると考えられたため、陪審員制度は採用されず、裁判の順番は第一審から始まり、次に控訴審、そして最終的に最高裁判所による審理というものとなった。法学校がただちに開設され、充実した法曹界が間もなく誕生した。

これらの膨大な作業が開始されてから十二年後に、日本は領事裁判制度を廃止するための条約改正を正式に申し入れた。この問題を提起するために日本は有力な使節団を欧州および米国に派遣し、一八七一年に改正を申し入れたのであった。しかしこの時点では、領事裁判権を当初必要とした状況が、その廃止を正当化するような変化を何ら遂げてはおらず、さらに、日本政府は司法のみならず関税の自治権の回復も切望していたのであるが、問題の一つを時期尚早に解決することによって、もう一つの解決が過度に遅れることとならないように、これら二つの問題を分離することを避けたのであった。よってその使節団は失敗に終わり、この問題は、当初より学問上の強い関心を集めたものの、一八八三年まで政治の実務的な舞台に再登場することはなかった。

これらの交渉は長期間先送りされた。その時日本が要求していたような承認を、東洋の国が西洋諸国から得たことはそれまで一度もなく、西洋諸国としては当然、全く新奇な実験を試みることに強い抵抗を感じていた。米国は、日本が希望する内容に沿った新たな条約を締結することによって(一八七八年)、寛大な模範を示した。しかしその効力の発生は、他の条約締結国が同様の行為に従うことを前提条件としていた。事情を知らされていない欧州の国際法学者たちは、この出来事に関するワシントンの政治家たちの姿勢を、一方の手で与えたものを他方の手で取り返したと言って嘲笑した。しかし、かかる承認を受ける準備が整っていないことを認識していた日本自身の要請に基づいて、この前提条件が挿入されたというのが真実である。

しかし一八八三年から、全責任を負うための準備が日本に整ったため、日本は、国内に居る全ての外国人が今後日本の法律に服し日本の裁判所において裁かれることとなることへの同意を求め、これが受け入れられた場合には、日本を完全に開国し、それまで課せられていた外国貿易並びに日本国内の移動および居住に関する制限の全てを撤廃するという約束によって、この申し入れを補完した。

「当初から、外国との完全且つ自由な交易を阻害するために日本が設けた障壁を理由に日本を激しく非難することが西洋人の習慣であったが、日本は今、それらの障壁は、もはや日本の希望によって維持されているものではなく、日本が西洋諸国と自由に交流す資格が無いことを理論上宣言しているのみでなく日本が外国人の入来に対して自国の領土を完全に開放することを実質的に不可能としている制度によって存続させられているのである、と主張することができるようになった。」日本の主張には説得力があったが、欧州列強側は、自国の国民を東洋の国の裁判権の下に置くという前例のない実験を試みることに対する強い抵抗を示した。そしてさらに強い抵抗が、この実験の対象とされようとしている者たちによってなされた。日本に居住する外国人は当然、この上もなく貴重な特権として領事の裁判権に執着していた。彼らは、かかる制度を正当化する状況が表面上消滅した国においてそのような制度を永久に課すことは不可能であることは実際に理解していた。しかし、彼らはまた、日本が実行した法制度および裁判制度の改革が非常に短時間の間に詰め込まれたものであり、そして、初心者が外来の諸制度を試す中で、それに携わる日本人が多くの間違いを犯す可能性があると見ていたのであった。

列強による承認

この交渉は十一年間続いた。交渉は一八八三年に始まり、一八九四年まで解決にいたらなかった。最終的に欧州諸国の政府が日本の主張の正当性を認め、一八九九年七月から日本の裁判所が、日本領域内の全ての者に対して、その者の国籍に拘わらず、裁判権を有することとなること、日本全土が外国人に対して解放されること、そして、貿易、移動および居住に関する制限の全てが撤廃されることが合意された。

旧制度の足かせからこのように日本を開放するために、大英帝国は主導的な役割を担った。当該制度およびその面倒な結果の全ては、元々大英帝国が先頭に立つ列強の連合体が日本に強いたものであったため、大英帝国は特別な厚情をもって率先して行動を起こしたのであった。歴史上の流れとして、領事裁判権を規定した最初の条約の当該条項は、米国が頭ごなしに押し付けたものであった。米国政府は、かなり早い段階から日本の主権に対する制限の全てを撤廃する意向を示すようになったが、他の国に比べて大きな利害を有していることから主導権が与えられていた大英帝国がその先頭に立つ欧州諸国は、如何なる実質的な承認も断固として拒んだのであった。従って、日本人の目には、英国人の保守性が重大な障害となっているように映ったのであり、居留区内の英国人居住者の数が、他のあらゆる国の居住者の数を遥かに上回っており、彼らのみが様々な不満を表明する新聞機関を有していたため、大英帝国がついに革新的な前例を設ける方向に向かったことは、極東地域における英国民の評判にとって、明らかに幸運なことであった。

大英帝国と米国の考えにその他の西洋の列強を同調させるために五年近くが必要とされた。しかし、この遅れは、必要な承認を行うことに対する抵抗や日本に対する好意の欠如を原因とするものではなかった。その原因の説明として、第一に、各組合わせの交渉担当者間で、すでに締結されている条約の条件又は用語の改善が試みられたこと、そして第二に、異なる国々との関税の取決めのために複雑な協議が必要とされたことが挙げられる。

改定条約の受け入れられ方

改定条約の最後の一つが批准されるまで、居留区内の外国人社会の大勢の者によって、改定に反対する声が激しく上げ続けられた。その中の一部は、率直に実験的な要素を恐れていたが、その他の者は、人種的偏見に支配されていた。幾人かの者は、治しようのないぼやき癖が染みついてしまっていたり、諸外国の権益の擁護者を装い保守主義を唱えることで利益を得ていた。そして全員が、それまで享受していた課税免除を受ける権利を失うことに当然のことながら抵抗感を覚えた。難癖をつけたがる心持や、権利を侵害されたと思う気持ちが存在する状況では、不満の原因を見つける機会に事欠くことがないため、外国人社会は、満足する結果となる可能性を確実に著しく減少させることとなる精神状態に、この新制度が開始される時点において置かれることになるであろうと思われた。しかし、土壇場になって、この好ましくない態度は著しい変化を遂げたのであった。旧制度の先行きが絶望的であることが明確になるとただちに、欧州および米国商人の分別ある良識が台頭した。外国人居住者たちは、その必然の運命に喜んで従うつもりであること、および、日本の裁判権の進路に彼らが自発的に障害を設ける意図のないことを示した。

日本人の側としても、前途を期待させるいくつかの手段を講じた。天皇の詔勅が、自国民と外国人との間の区別の全てを撤廃することが天皇の方針および望みであり、自国民が条約の友好的な目的を完全に履行することが、天皇の希望、国の品性の維持、および、国の威信の深化に最も適うものである、と明確に宣言した。日本の首相および大臣らは、国中の如何なる場所においても外国人が信頼して快適に居住できることを可能とする責任が政府に、そしてその義務が国民に、今委譲されたのである、という旨の指示を発した。仏教の高僧たちも、良心の自由が憲法によって保障された今、外国の宗教の信仰を明言する者も、仏教の信者と同様に礼儀正しく扱われ、同じ権利および恩恵を享受できなければならないという旨を、彼らの寺院が管轄する地域に対する指示の中で、僧侶や地域の人々に対して呼びかけた。

そのように適切な徴候が示される状況の中で、この重要な変革は実施されたのであった。その結果は、全体として成功を収めた。現在日本に居住する外国人は、住居の不可侵権、人身および宗教の自由、政府による干渉からの自由、並びに、生命および財産の保障を、各自の自国に居住しているが如く完全に享受するようになり、そして彼らは徐々に、日本の法律およびその執行者たちを、大いに深まった敬意をもって見るようになった。

英日同盟

日本の近年の進展の中で、外国との交易再開後になされたこれらの条約改正および日本が戦った複数の大戦争の結果に次ぐ最も印象深い出来事は、大英帝国との間の、初めは一九〇二年一月の同盟協約締結、そして次に一九〇五年九月の攻守同盟締結である。この同盟協約は、各協約当事国がシナおよび朝鮮に対する自国のあらゆる侵略的意図の存在を否定することから始まり、これら二国の独立が明示的に確認されており、そして、シナにおいて大英帝国が、シナおよび朝鮮において日本が、自国の権益を保護する目的上不可欠となる手段を講じることができる旨を宣言している。かかる手段によって、調印国の一方が第三国と戦争を行うこととなった場合、他方の調印国は中立を保つだけでなく、その同盟国に対する攻撃に他の国が参加することを防ぐ努力をするものとし、仮にその同盟国が二国以上の敵国と対峙することとなった場合にはその同盟国の支援を行うものとしている。この協約はさらに、日本が朝鮮において政治、商業および産業上の権益を特別な範囲に渡り有するものであることも認めている。

この合意は両調印国にとって等しく斬新であったが、対象とされる権益が、日本の観点からは死活問題であったことに比べ、大英帝国にとっては単に局地的なものに過ぎなかった分、大英帝国の利益に比して日本の利益により資するものであることが明白であった。この不均衡は、一九〇五年の攻守同盟によって是正された。何故ならば、当該合意の対象範囲がその時にインドおよびアジア東部全般まで拡大され、調印国が、一方でシナの一体性および独立性、並びにシナ国境内の全ての国の商業および産業を対象とする機会均等の原則を保障することによって、シナにおいて全列強に共通した権益を保護することを誓約し、他方で、調印国が、アジア東部およびインドにおける自国の領土権を維持することおよび、他の一又は複数の列強によってその権利に対し攻撃が加えられた場合には、相互に軍事支援を行うことに合意したからである。

これらの合意内容は当然、当時又はその直前に生じていた出来事と密接な関係を有していたのであるが、これらはまた、その僅か半世紀足らず前に世界に対する鎖国を維持するために激しく奮闘していた国と、今回アジア東部およびインド全域を対象とする政策のために、最も進歩的で革新的な国の一つと同盟を結んだ国との間の、鮮明で根本的な差異を示すものでもあった。この差異は、その二年後（一九〇七年）に、シナ帝国の独立性および一体性、並びに全ての国を対象とするシナにおける機会均等の原則を認め、シナにおける和平と安全保障を確実とするために相互支援を行うとした協約を、フランスおよびロシアが日本との間で締結したことによってさらに強調されることとなった。そのようにして日本は、最も明白な意味において世界の強国の一つとなったのである。

日本の外国との戦争および紛糾

朝鮮との戦争

日本が行った最も初期の外国との戦争は、三世紀の初めに神功皇后が朝鮮征服のために出兵した時と言われている。しかしこの出来事は日本の記録が初めて書き記される五百年以上も前に起きたとされているため、その伝承の詳細について真剣に議論することはできない。但し、朝鮮に永続的な影響を与えることはなかったものの、初期の時代に時々日本の軍勢が朝鮮で目撃されていたことに疑いの余地はない。

朝鮮半島が大きな海外軍事行動の舞台となったのは、太閤秀吉の時であった。日本のナポレオンである秀吉は、長年にわたる比類なき戦略手腕と政治術の結果として日本国全域をその支配下に置いた後、シナを服従させる計画を抱いた。歴史家の一部によると、四世紀もの間ほぼ休むことなく戦乱が続いたために日本国内に存在することとなった膨大な数の兵士の群れの役儀を見つけることが、彼の動機であったとされている。秀吉は、平穏に甘んじられないこれらの気炎を、海外における活動に従事させない限り、国内の平和を永続的に取り戻すことはできないと感じたというのである。

そのような目的が秀吉の意図を補強した可能性はあるが、彼の大望はシナの征服にあったのであり、秀吉は朝鮮を単にその目標に向けての踏み石と考えていた。朝鮮が、そのように利用されることに同意していれば、戦う必要も苦しむ必要もなかったのである。しかし、朝鮮人はシナを無敵と見做していた。その偉大な帝国との最初の接触において日本が粉砕されるであろうと朝鮮人は考えており、従って朝鮮人は、十三世紀にモンゴル軍が日本を侵略するために朝鮮の港を使用することを許したにもかかわらず、十六世紀に日本軍がシナを侵略するために朝鮮の領土を使用することは、きっぱりと拒絶したのである。

一五九二年五月二十四日に、朝鮮の南沿岸に侵略の波が押し寄せた。秀吉は肥前の国の名護屋を彼の軍事行動の本拠地として選んだ。そこでは、日本と朝鮮半島とを分離する海が、対馬によってほぼ等しい幅の二つの海峡に分けられ狭められている。日本側からこの島に行くことは容易で安全であるが、対馬と朝鮮半島とを分ける五十六マイルの海峡では、侵略軍の小艦隊は朝鮮戦艦による攻撃の危険に晒されることとなった。

秀吉は名護屋で、三十万人を超える兵士から成る軍隊を集結させ、その内の七万人が第一軍、八万七千人が第二軍、そして残りが状況に応じてその後に出征する予備軍を構成した。輸送手段が問題となったが、全領主に対して領地の石高十万石につき二隻の船を提供することを命じるという単純な得策によってそれを解決した。これらは戦闘用の船ではなく単なる輸送用のものであった。

その軍事行動計画は、近代戦略の原則にも正確に合致するものであり、秀吉の大胆な天賦の才を証明するものであった。先頭隊は総員五万一千人から成る三部隊によって編制され、朝鮮半島の南沿岸に位置する釜山に迅速に渡り、ただちに首都ソウルを目指して、一部隊は東沿岸の道を、一部隊は中央部の道を、そして残りの一部隊は西側の海岸線を北進する計画であった。その後に、第一軍を構成する他の四部隊が、大将である宇喜多秀家の直接指揮下に置かれていた部隊と共に、先頭隊が通過した地域を十分に制圧する目的で渡り、そして最後に第二軍の残りの二部隊が、その時までに朝鮮の北側の国境、即ちヤールー川を越えてシナへ入る準備をしているはずである先頭隊と合流するために半島の西沿岸の海上を上ることになっていた。これらの補強部隊が上陸する地として、沿岸から大同江を利用して容易に行き着くことができる平壌が選ばれた。後年、日本の軍隊はこれと同じ地域を二回移動する運命にあった。一度はシナ侵攻のため、もう一度はロシア攻撃のためであり、彼らは秀吉が一五九二年に綿密に立てた計画とほぼ同じ戦略計画を採用した。予想では、朝鮮は主たる抵抗を、最初に首都であるソウルで、次に平壌で、そして最後にヤールーで見せるであろうと思われたが、それは、これらの各場所への侵入経路上に、防衛の目的上非常に有益に活用できる要地が存在していたためである。

侵略者の朝鮮上陸および進行

小西行長指揮下の一番隊は、一五九二年五月二十四日に何らの攻撃も受けることなく朝鮮半島に上陸し、翌日釜山城に猛攻撃をしかけ攻略し、二十七日には、三マイル内陸に位置する、二万人の精鋭兵士が駐屯していたより強固な砦も、同じ運命をたどった。侵略軍は圧倒的であった。釜山の上陸地点からソウルの門までの距離は二百六十七マイルである。小西隊は、その途中で二つの砦を強襲し、二つの要地を攻略し、一つの激戦を経て、その距離を十九日で移動した。六月十二日には朝鮮の首都は日本人の手中にあり、十六日には四部隊がそこに集結し、他の四部隊は釜山に上陸していた。十五日間の休息の後、北進を再開し、七月十五日に平壌は日本部隊に攻略された。ソウルから大同までの百三十マイルを十八日間で移動しているが、そのうちの十日は、一つの川の通過を強行するために費やされており、もし普通の決意と力量をもって防御していれば、そこで日本部隊全体の進行を止めることは可能であった。しかし、この時点で、近代では特に重要視されているが、秀吉の時代にはほとんど考慮されていなかった一つの原因によって、侵略軍の勢いが阻止された。日本軍は制海権を失ったのである。

海戦

当時の日本人の海戦は、主に櫓で推進する無甲板船を使用して行われた。彼らは敵に可能な限り素早く近付き、鋭い刀を極めて巧みに使いこなして襲いかかったのである。十五世紀の間および十六世紀の一部の期間、シナ人は日本人による海賊的襲撃に悩まされ苦しむことによって、シナ人の発明の才能が促され、これら恐るべき敵に対処する措置を考案するにいたったのである。ひとたび日本の侍に接近戦を許せば、完敗は免れなかった。そこで、侍との距離を保つことが必要不可欠となり、シナ人はその課題を海戦において、自らの船を木造の屋根で完全に覆い、その内側に居る者を飛び道具から守ると同時に狭間や銃眼から敵に弾丸や矢を浴びせることを可能とすることによって、解決したのである。

朝鮮人はこの工夫をシナ人から学び、それを実戦で用いる最初の者となった。朝鮮人自身の歴史では、彼らはその「亀甲」の屋根の上面および側面に鉄板を打ち付け、さらに表面全体に大釘を用いた防御柵を打ち付けることによって、シナの型式に改良を加えたと主張しているが、日本の記録には、ほとんどの場合、頑強な木材が使用されていたのみであったことが記されている。そのように防御された戦艦が小型の無甲板船に対して有する圧倒的な戦闘優位性について、日本人が明確な認識を持っていなかったということは不可解である。しかし、明らかに彼らは無知または無関心の何れかであった。朝鮮の海上の支配権を握るために彼らが用意した船隊に、大型の船は一隻も含まれておらず、それは、七千人の船員が操作する数百隻の漕ぎ船によって編成されていた。

秀吉自身は恐らくある程度の不安は抱いていたのではないかと思われる。その六年前に彼はポルトガルから戦闘用のガレオン船を二隻獲得しようと努めており、もしそれが成功していれば、極東地域の歴史は大きく異なっていたかも知れない。しかし、近代の日本人が明確に回避してきた失敗を、秀吉は犯してしまったのである。秀吉は、彼の敵が有する方策を完全に調査することなしに、刀を抜いてしまったのである。日本の先頭隊がソウルに入ろうとする丁度その頃、八十隻の船から成る艦隊を束ねる朝鮮の海軍大将である李舜臣は、釜山港の入り口付近に錨を下していた日本の小艦隊を攻撃し、二十六隻の船に火を放ち、残りを追い散らした。

その後間を入れずに四つの戦闘が続いた。最後の、そして最も重要であった戦闘は、日本部隊が平壌を攻略して間も無く起こった。その結果、侵略軍の先頭隊に対して海上を経由して増援隊を輸送していた小型艦艇部隊の主軸を占めていた、輸送用と戦闘用とを合わせて七十隻を超える日本船が沈んだ。この部隊および必要物資の海上輸送は秀吉の軍事計画の主要部分であり、その役割を担った小艦隊の壊滅によって、朝鮮内に居る部隊が本拠地から孤立させられることとなり、この戦いの運命を決定付けたとも言える。

一番隊を率いていた小西行長は、平壌から北進を速やかに継続していたであろうという見解は正しいものである。行長は、シナ側の準備が全くできていないため、兵力を集結する時間をシナに与えないことが、最終的な勝利の可能性を最も高めることとなると主張した。しかし大将の宇喜多秀家はこの策を承認しなかった。秀家は、朝鮮の諸地域において未だに必死の抵抗が行われているため、必需品をそれらの者から調達することは不可能であるし、それらの者の制圧にあたっている部隊も、その役務から解放され前線で戦えるようにはならないと考えた。従って、秀吉の計画の第二段階である、海路による平壌への増援隊および軍需品の輸送の完了を待つことが重要であった。この第二段階が如何に運んだかは、読者がすでに読まれたとおりである。

平壌に居たこの日本の大将は、兵力の何らの増強も受けられなかった。彼の部隊は死傷者によって減少の一途をたどり、軍糧食供給の問題は日毎に厳しさを増した。さらに、歴史の考察者の何れにも明らかであり、日本人歴史家たち自身も認めているように、朝鮮人を懐柔するための何らの賢明な努力も払われなかったのであった。朝鮮人は極めて苛酷に扱われたために、身分の低い小作人ですら武器を持って立ち向かった。そのために朝鮮半島は、必需品の供給源とならなかっただけでなく、強力な軍隊が恒久的に駐屯していなければならなかった。

シナによる介入

シナに対する忠誠心のために苦しむこととなった朝鮮人は、当然シナからの支援を期待した。北京に対する請願が再三なされ、ようやく、遼東半島に集結していた五千人から成る部隊がヤールー川を渡り、日本の先頭隊が二ヶ月以上も何もせずに駐留していた平壌に向けて南進した。時は一五九二年十月初旬であった。この出来事は日本軍とシナ軍との最初の交戦として注目されるべきものではあるが、これはまた、シナ人が有していた、筆舌に尽くし難い自己の優越性に対する絶大なる自信を例証するものであった。

日本軍によって朝鮮軍全体が朝鮮半島の全域から北部に追いやられていたが、北京は、この侵略の波を押し戻すのに五千人のシナ兵「勇士」で十分であると考えたのであった。三千人のシナ兵が殺され、残りは大慌てでヤールー川を越えて敗走することとなった。シナはこの時点で真剣に憂慮し始めた。シナは、五万一千人から二十万人という、様々に推定さる数の兵力を集め、真冬の最中に満洲を行進し、一五九三年二月の第一週に平壌を攻撃した。日本の駐屯軍は二万人足らずしかおらず、当初居た半数近くは、ソウルとの連絡活動を護衛するための一連の砦の守備に派遣されていた。さらにシナ軍は、刀こそ日本の武器に比べて著しく劣っていたが、火砲と騎馬隊、そして、最も鋭利な刃でさえ跳ね返す鉄製の帷子を騎兵が纏っていたという点において、遥かに優勢であった。よって、激しい交戦の後、日本軍は平壌からソウルへの撤退を余儀なくされた。しかし、これがシナ軍が収めた唯一の勝利であった。その後の如何なる規模の交戦においても、シナ軍は大敗を喫し、ある交戦では一万人、次は四千人、そしてその次は三万九千人の兵士を失った。しかし、シナ軍の存在と朝鮮人が示した決然たる抵抗が、効果的にシナを侵略から救ったのである。

現に、ソウルから撤退した後の一五九三年五月九日に、秀吉はシナ領域内へと戦を進めて行く計画の全てを諦め、名誉ある和平条件を獲得することに専念し、その間、日本軍の部隊は朝鮮半島の南岸沿いに一連の砦を構えていた。秀吉は事の完結を見ずに死去した。もし秀吉があと数日間生きていれば、島津義弘に率いられた薩摩の軍勢が、三万八千七百人のシナ人を討ち取りそれらの鼻や耳を日本に送った（現在は京都の大仏殿近くの塚〈耳塚〉に埋葬されている）という、（一五九八年十月三十日の泗川における）シナ軍の決定的な敗北を知り得たのであった。

その後、戦を終わらせ兵を引き上げる任務を死の床にある秀吉から付託された政治家たちは、朝鮮の王子が特使として来日し、いくらかの虎の毛皮と朝鮮人参を友好の印として京都に贈れば、朝鮮半島からの撤収が可能となることを、敵側にほのめかした。かくして、歴史上記録されている中で最大規模の海外軍事行動の一つが終わった。その六年半続いた戦のために、一時期は朝鮮の土地に二十万人の日本部隊が留まり、全体で約二十五万人が命を落とした。

中世と近代における外交の差異

一五九八年の朝鮮遠征軍の撤収から、近年西洋諸国との間で外交が再開されるまで、日本は諸外国と継続して平和な時期を過ごすことができた。しかし、開国した後は四つの戦争を戦わなければならなかった。この違いは驚くべきものである。日本において歴史上の記録が残されるようになってから最初の十一世紀の間に、海外での交戦は一回に限られていたが、その後の半世紀の間に日本は海外で四回も交戦し、さらに、多くの紛糾事態に直面することとなった。西洋諸国との交流が日本にもたらした物質的又は道徳的な利益がいかなるものであったとしても、平和はもたらさなかったのである。

「マリア・ルズ（Maria Luz）号」事件

明治時代の日本政府が初めて対処を迫られた、外国を相手とした不穏な紛糾事態は、未だに根絶されていない悪習である、シナ人労働者の人身売買に関連するものであった。一八七二年にペルー船「マリア・ルズ号」が二百人の契約労働者を乗せて横浜に入港した。これらの不運な者の中の一人が岸にたどり着くことに成功し、日本の権限当局に惨状を訴えたため、日本の当局はただちにその船を捕え、それが搬送していた奴隷同然の者たちを開放した。日本人が昔からそのように細かな配慮をしていたわけではなかった。外国との交易の初期の時代において、奴隷に対する英国の姿勢が新たな倫理規準を設定することとなる前、ポルトガル船は、船旅の劣悪な状態の中を生き残ったとしても強制労働の生涯を送る定めにあった男女を、マカオから積荷として連れ去っていたように、平戸からも連れ去ることが許されていたのである。しかし、近代の日本は、このような問題に対して近代的な道徳の教義に従っていた。当然ペルー政府は抗議し、両国間の関係は一時破局寸前にまで緊迫したが、最終的に問題の解決をロシア皇帝による仲裁に付託することに合意し、皇帝は日本の立場を認める裁定を下した。この事件における日本の姿勢は、単に人道的な見地からのみでなく、西洋の国による審判に対する信頼を示したということによっても、賞賛を呼んだ。

樺太に関する紛糾

明治時代の初めから東京の政府が注意を注いでいたもう一つの事件は、実は封建時代の遺物であった。封建時代当時、蝦夷、その北西に位置する樺太、そして北に位置する千島列島は、日本の有効支配下にあったとはほとんど言えない状態であった。蝦夷の南端の沿岸上に現在でもその城跡が見える松前(現在の福山)の藩主が名目上の支配権を行使していたことは事実である。しかし彼の役割は、蝦夷、千島列島および樺太南部に住む原住民から税を徴収することの他は、多くはなかった。従って十八世紀の初めから、ロシアの漁民が千島列島に定住し始め、ロシア船が樺太に脅威を与えていた。

樺太を最初に探検した者が日本人であったことに疑いはない。一六二〇年には早くも松前藩主の家臣の何人かがそこを訪れ越冬している。当時、それはアジア大陸の一部を構成する半島であると思われていたが、一八〇六年に間宮林蔵という名の日本の勇敢な探検家が、アムール川を上り下りして満洲を往復し、樺太に渡った際に、樺太を大陸から分断している狭い海峡を発見した。多くの西洋人の間では未だに、樺太が島であることを発見したのは、一八四九年にその地を訪れたロシア人艦長ネヴェリスコイ（Nevelskoy）だと思われているが、日本ではその事実はその四十三年も前から知られていた。ネヴェリスコイは、東アジアにおけるロシア人の偉大な帝国建設者であるムラヴィヨフ（Muravief）の命令の下で活動していたのであるが、そのムラヴィヨフは、アムール川の河口域を制する位置にある樺太を取得する必要性をただちに認識したのであった。

アイグン（Aigun）条約の締結（一八五七年）の後、ムラヴィヨフは小艦隊を連れて日本を訪問し、樺太と蝦夷を分離する宗谷海峡をロシアと日本との間の国境と見なすことを要求した。それは樺太全部をロシアに渡すことを意味したのである。日本が拒絶するとムラヴィヨフは、すでにウスリー地域において遂行し顕著な成功を収めていた政策にただちに訴えた。彼は、樺太に定住させるために移民を送り込んだのである。この漸進的な編入手法を頓挫させるために、徳川幕府は北緯五十度線を境としてこの島を分割することを二回提案し、最終的に一八七二年に明治政府は、ロシアの割り当て分を二百万ドル（当時は約四十万ポンド相当）で購入する申し入れをした。サンクトペテルブルクは、富を生み出す資産としてのこの島の価値が比較的小さいことをその時すでに知っていたため、それに黙従するそぶりをいくらか見せており、もし日本の有力政治家（後の黒田伯爵）がその後この取引が日本にとって不利であるとして反対しなければ、この取引は合意にいたった可能性がある。最終的には、サンクトペテルブルクの粘り勝ちとなった。一八七五年に日本は、ロシアが千島列島に対する日本の領有権を認めることを条件として、樺太島全体に対するロシアの領有権を認めることに同意したのである。

これは奇異な合意内容であった。ロシアは日本の領土を購入するに際し、その支払いを日本の所有物の一部をもってしたのである。これらの詳細が、樺太がそれから三十年後に日本による侵略の舞台となり、その結果として、当初徳川幕府が提案したとおりに、北緯五十度線で分割される運命にあったという事実の、興味深い前触れとなったのである。

台湾出兵

日本による四つの交戦の一番目は、一八七四年の台湾出兵であった。軍事的な観点からの重要性は低いものの、この出来事はそれが日支関係に与えた影響、および琉球諸島の領有権の問題に与えた影響によって、間接的に重大性を帯びている。これらの諸島は日本から南へ少し離れた所に位置し、何世紀もの間、薩摩藩の属領と考えられていた。それらの住民の言語および風習は、日本人との関係の明白な形跡を示しており、これらの諸島がシナの領地に含まれる可能性など、日本の政治家は恐らく考えたこともなかったであろう。従って、一八七三年に難破した琉球船の乗組員が台湾北部の住民によって残虐な扱いを受けた時に、日本政府は躊躇なしに、その暴力行為に対する賠償請求を行う責任を引き受けたのである。台湾はシナ帝国の一部であったため、訴えは北京に対して提出された。しかし、シナの権限当局は日本の申し入れに対して不動の冷淡さを示したため、日本は最終的に自ら制裁を下すこととし、台湾の殺人犯らを罰するために小隊を派遣した。そして、無論殺人犯らは何の本格的な抵抗も示すことはできなかった。自身の領土が侵略された事実を認識したシナ政府は抗議をし、もし北京駐在の英国公使が介入しなければ、両国間の戦争に発展した可能性もあった。取決めの最終条件は、日本が台湾から部隊を引き上げる対価として、シナが日本に対して遠征費用を賠償するというものであった。薩摩の侍は、始まって間もない行政改革の特定の内容に強い抵抗を示し始めており、且つ、琉球諸島の情勢に対して特別な利害を有していると主張していたため、日本政府はこの遠征隊を台湾に派遣することによって彼らの気をなだめようとしたのであった。

琉球に関する紛糾

琉球諸島は日本に帰属しているという日本の確信に対する何らかの確証を、仮に日本が必要としていたのであれば、上記の台湾紛糾事件およびその解決内容が、争う余地のない証拠を構成したであろう。従って日本は、新規に組成された県政府の制度を一八七六年に琉球にも躊躇なく適用し、それによって琉球はその後沖縄県となり、それまでの琉球諸島の統治者は、日本の内地の各藩主に適用された制度に倣って、恩給を受け退位した。シナはただちに異議を唱えた。シナは、琉球は常にシナ帝国の進貢国であったと主張し、この主張がまったく誠実なものであったことに疑いはない。しかし、貢物に対するシナの解釈を、実用的な理論に集約することは不可能と思われた。シナは、自己の利益が増進される限りにおいては、近隣諸国からシナ朝廷へ定期的に運び込まれる贈物を臣下の象徴であると見なした。しかし、宗主国としての義務の遂行が問われると、シナはただちにそれらの貢物を、取るに足らない近隣諸国間の儀礼上のやりとりに過ぎないものと分別したのである。日本自身もそれほど定期的ではなかったにしろ、そうしていたことがあるように、贈物を運ぶ使節団をその時々においてシナに派遣する風習を琉球が踏襲していたことは事実である。しかし、琉球が、シナによる支援の手が差し伸べられることなく、薩摩によって征服されていたこと、琉球諸島が二世紀もの間、薩摩の領地に組み込まれていたこと、そして、琉球諸島の住民保護に関して日本が優位な権利を有していることを上記台湾事件の結果の中でシナが実質上認めたことも、事実である。

両国とも自国の主張を確信を持って力説したが、日本が自身の主張を実践していたことに比べ、シナのそれは抗議のみに限定されていた。この状況は、一八八〇年に極東を訪問したグラント(Grant)将軍が、双方が歩み寄ることの賢明さを示唆するまでそのまま継続した。北京で協議が開かれ、琉球諸島を分割して日本が北部の諸島を、そしてシナが南部を領地とすることが、全権大使間において合意された。しかし、シナの全権大使が調印予定日の前日になって、他の特定の高官たちから事前にその内容について確認をとらずに合意を締結する権限を自分は有していないと訴え、合意を取り下げてしまったのであった。日本側は愚弄されたことに気付き協議から退き、琉球諸島を保有し続け、シナの琉球諸島に関する取り分は、不満のみに減少された。

朝鮮に関する紛糾

十六世紀に日本の軍隊によって朝鮮半島が侵略されて以降、朝鮮の支配者たちは、新たな将軍の即位を祝うためにその都度、贈物を運ぶ使節団を日本に送ることを慣習としていた。しかし、徳川幕府が崩壊した後、朝鮮の朝廷は、西洋文明を信奉する国とはこれ以上関係を持たない決意であることを宣言して、この慣習の履行を止め、日本の使節団を受け入れることすら拒絶した。この行為は日本に深い不快感を抱かせることとなった。複数の有力な政治家は開戦を唱え、主要な政治家たちが、恐らくシナとの決裂を伴うこととなるであろう朝鮮との紛争は、当時（一八七三年）未だ初期段階にあった行政改革の進展を致命的に妨げることとなると考えなければ、刀が抜かれていたであろうことに疑いはない。

しかしその二年後に朝鮮は、沿岸の測量作業に従事していた日本の戦艦に属する複数の小舟に対し砲撃を加えることによって挑戦行為の最後を飾った。この攻撃的な王国に対して、遠征部隊を派遣する以外の選択はなかったが、日本は戦争の回避を望んでいた。本件の対応において日本は、それ以前に日本自身に対して西洋諸国が行使した手法の習得の速い門人であることを示したのであった。日本は堂々たる威勢を放つ軍艦および軍用輸送船を集め、見た目ほどの戦闘能力は有してはいなかったその小艦隊を用いて朝鮮を威嚇し、最終的手段に訴えることなく、友好通商条約を締結させ、外国との交易のために三つの港を開放させることに成功した（一八七六年）。これが朝鮮の外界との友好関係の始まりであり、日本は自国の新たな進路のそのように早い段階において、日本自身が過去に猛烈に反発した国際交流主義の拡大に貢献したことを当然に手柄とした。

シナとの戦争

大昔から、シナの国境沿いにある小国に対するシナの方針は、それらの小国を、それらとの関係によってシナが何ら不都合な責任を負わされることとならないよう同時に工夫しながら、外国との接触による衝撃を和らげるための緩衝地帯として活用するというものであった。これら小国の領土はシナを守るための要害の地となる責任を分担するが、これら小国は彼らの行為に対してその宗主国が責任を負うことを決して期待してはならないという、明言されることのない了解に基づき、外界からの侵略的な衝撃を抑えなければならないとされていた。その大部分を感情および威光に頼っていたこの取決めは、東洋の隔離された環境の中ではその効力を保ったが、近代西洋の実用主義を前にして急速に崩壊した。トンキン、アンナン、シャム、およびビルマは、シナに従属していながらも他の全ての国に対しては独立国としての立場を有するという虚構から、一国ずつ退いていった。

しかし朝鮮に関しては、シナはより強固に執着した。外国に朝鮮半島を占領されると、シナの首都への海上航路が脅かされることとなり、さらに、シナを支配する王朝の発祥の地である満洲への侵入を容易に許してしまうこととなるため、北京の政治家たちは、その小さな王国との昔からの関係を維持しようと努めていたのである。しかし彼らは、伝統によって是認されてきた不正直な手段を修正する考えにはいたらなかった。シナは朝鮮がシナの属国であると大胆に宣言することをせず、しかし最終的には属国であり中間的な主権を有しているに過ぎないという、空想的な関係を維持しようと試みた。その結果朝鮮は、一八七六年に日本との間で、その第一条において朝鮮が「日本と同じ権利を享有している独立国」であると宣言する条約を締結させられ、さらにその後、米国（一八八二年）、大英帝国（一八八三年）およびその他の列強との間でも、朝鮮の独立性が推定的に認められている条約を締結させられたのである。

しかしシナは、そのように条約上認められた独立国としての地位を朝鮮に行使させるつもりはなかったのである。シナの駐在外交官がソウルに置かれ、朝鮮の国政に対する絶え間ない、しかし隠れた介入の制度が発足した。このように異常な状況の主な被害者は日本であった。日本の朝鮮とのやり取りの全てに関して、日本の朝鮮半島との比較的大規模な貿易量から生じる全ての事態に関して、そして、そこに定住する多数の日本人に関係する全ての問題に関して、日本は、シナの属国と交渉するという状況に陥り、交渉相手である役人らはシナの代表者からの指図に基づいて動いていたのである。シナは長年、朝鮮における日本の侵略行為に根深い不安を抱いており、その不安は歴史的に根拠の無いものではなく、朝鮮においてシナの代理人たちが行使した影響の全ては、その不信感に染まっていた。多くの場面で、日本に対してそのように行使された差別を、日本は意識させられた。その意識は日本の憤りを少しずつかき立てるようになり、国家間における強い抗議の根拠と成り得るような単独の出来事は存在しなかったものの、朝鮮の国政に対するシナの介入によって、絶え間なく欺かれ、妨害され、そして屈辱を受けているという感情を、日本人は徐々に持つようになったのである。

三十年の間シナは、日本を東洋の規範を放棄した卑しむべき国として扱い、日本の進歩的な努力を、あからさまに軽蔑的な嫌悪をもって眺めていた。日本側としては、西洋文明を選択したことの賢明さの顕著な証を示そうと苛立っていた。さらに深刻な問題は、朝鮮の行政の観点から見た、シナの介入がもたらした結果であった。朝鮮の支配者たちは、国に対する責任感の一切を失い、利己的な願望に無制限の権勢を与えていた。司法および行政の機能は共に、賄賂によってのみ執行された。家族の利害が国の利害に優先した。税は地域の役人の欲深さに比例して課された。人民の幸福、又は国の資源開発を気に掛けるということは一切なかった。役人の間では、個人的責任という概念は存在していなかった。王妃が属する閔一族の一員であることが、官吏と成るための、および権限の悪用の結果から免責されるための、手段であった。時折、進歩を主張する者又は迫害の被害者らが、武器を持って立ち上がったが、それらの者は、朝鮮が陥ってしまった惨めな状況を世界中に想起させる以外に何も達し得なかった。これらの蜂起を鎮圧するために、シナの軍事的支援が常に容易に提供された。そのように、閔一族は、シナと折り合いをつける能力とシナの命令に進んで従う姿勢に基づいて権力を保持することを学び、一般の人民は、財産の保障も国家的な大望も無く、無気力な状態に陥っていた。

日本の国政上の事柄として、朝鮮の問題は日本に大きな不安を抱かせた。日本自身の安全保障が、朝鮮が西洋の強国によって支配されることなく在り続けることに深く関連しているため、日本はこの小さな王国がそのように行政上無能力な状態に陥り、国家が衰弱することによって、強力な侵略者が介入する口実をいつ何時見つけるかも知れないという状況の存在を許すことはできなかった。閔一族の権益を保護し改革の動きを制圧するためにシナが行った二回の軍事介入（一八八二年および一八八四年）

の際に、勝者側の別働隊が日本を革新的風潮の元凶と見なしてソウルに在る日本の公使館を破壊し、その居住者らは、ソウルからの逃避を余儀なくされた。これらの危機に際して日本側は自制的に行動したが、事後処理の交渉において日本は、シナが主張するところの宗主権の根幹を害することとなる協約上の権利を獲得したのである。一八八二年には、日本の公使館を保護するためにソウル内に軍隊を駐留させる日本の権利が認められ、一八八五年には、日本はシナとの間で、両国とも相手側に通知することと無しに朝鮮に派兵しないことを誓った協約を締結した。

シナとの決裂

一八九四年の春、朝鮮で大きな暴動が起き、閔一族はシナに支援を請願した。七月六日に、二千五百人から成るシナ人部隊が天津で乗船し、朝鮮半島に輸送され、その南西海岸沿いに在る牙山を幕営地とした。この措置に関する通知は、条約に従い、シナ政府から北京駐在の日本の代表者に対して行われた。

これらの出来事が生じる直前の時期に、朝鮮におけるシナの専断的且つ敵対的な介入に対して、日本は強く意識させられていたのであった。違法且つ破滅的な商業禁制に対する救済を得ようとする日本政府の努力を、ソウルに居たシナの代表者は二回にわたり妨害し、そして、東京から朝鮮政府に宛てた最後通告は、シナによる武力抵抗という脅しが容易に透けて見える、天津の李総督からの返答を引き出す結果となった。さらに、国家的な憤りをより激しく刺激したのが、朝鮮の革新派の指導者であり、日本に数年間亡命していた金玉均の殺害に対するシナの対応であった。金玉均は、彼を暗殺するためにソウルから送り込まれた同胞によって日本からシナへ誘い出された後、上海の日系ホテルで射殺された。そしてシナはその殺人犯を罰さないどころか、犯人の名誉を公に称えるために、シナの軍艦に乗せて朝鮮まで運んだのである。

従って、一八九四年に朝鮮で反乱が起こり、閔一族が再びシナの軍事介入を要請した時に、外国による侵略を絶え間なく誘い、自己の独立を維持する朝鮮の能力を阻害している悪政を終わらせる手段を、日本の安全保障および東洋の文明の利益のために講じなければならないとの結論に、東京の政府はいたった。日本は、シナが朝鮮半島に対して有していた権利および権益に優先するものを自国のために何ら要求することはなかった。それまでの二十五年間日本が採用してきた革新的方策の全てを軽蔑し、それらから顔をそむけていたシナが、シナ自身が嫌悪の対象としていた改革を隣接する王国に強要することへの協力を単に通常の外交手段によって求められたとしても、それに賛同する可能性は全く存在しなかった。

日本の決意の明確な証を提示するのみにとどまらず、シナの支持が最終的に得られなかった場合に日本が単独で計画を推し進めることを可能とする状況を考案する必要があった。従って日本は、シナの派兵通知に対して、それに対応する日本からの通知を行い、一八九四年七月に、シナの軍隊は牙山に集結し、日本の軍隊はソウル近郊に幕営することとなった。シナによる派兵の名目上の目的は東学党の反乱の制圧であったが、実際の目的は朝鮮半島におけるシナの支配を改めて主張することにあった。日本の目的は、朝鮮の悪弊に対する根本的な是正措置を強く要求することができる立場を確保することにあった。

この時点までは、両国とも厳格にそれぞれの協約上の権利の範疇に止まっていた。両国とも、相手側に通知をなすことを条件に、それぞれが朝鮮に派兵する権利を協約上有していた。しかしシナは、通知をなした際に朝鮮をシナの「進貢国」と表現したことによって、日本としては懐柔的な動機から目に入れないようにしたであろう争点を、協議の前面に突き立てたのであった。ひとたび正式に提示されたからには、その主張に対して異議を申立てなければならなくなった。日本と朝鮮との間で一八七六年に締結された友好通商条約の中で両締約国は、国家として同じ地位を有していることを明示的に宣言していた。ほぼ二十年間日本が自国と同等であると認識し折衝してきた国が、公にシナの進貢国として分類されることに、日本は同意することができなかった。日本は抗議したが、シナの政治家は日本の抗議を無視した。シナは論争の対象となっている呼称を朝鮮に対して使用し続け、さらに、日本が派遣する兵の数およびそれらの活動範囲を制限しようと試ることによって、シナが朝鮮半島における統治権を引受けていることを主張したのであった。

それに対して日本は、朝鮮内の動乱を鎮圧し、そしてその王国の行政をその後改善するために、日支両国が協力すべきであること、および、かかる目的の後者を達成するために共同調査団を派遣することを提案した。しかしシナは全てを拒否したのであった。朝鮮の人民とそれらを支配する派閥との間に武力介入をする用意は常にあったシナであるが、如何なる形態においても改革の促進を目的とした介入を行うことは拒否した。シナは、日本は朝鮮の独立性を主張しておきながら朝鮮の行政を専制的に改革することを提案するとは驚きであると述べ、日本をこばかにした態度すら示した。要するに、北京の政治家は、シナの目的のためには朝鮮が進貢国であることを正式に宣言し、日本の目的のためには朝鮮が独立国として扱われなければならないと主張したのである。シナは、隣の島国が朝鮮を日本帝国に吸収しようとしていると信じていた。そのような疑いの目で見れば、シナの姿勢を理解することはできるが、シナの行為は一貫しておらず、非論理的であり、実用的ではなかった。東京の内閣は、「朝鮮の将来の平和、秩序、および健全な政府を保証する何らかの合意」が無ければ日本の軍隊を撤退させない決意を表明し、シナはそれでもそのような合意を成すことを拒否したため、日本は単独で改革を実行することとしたのである。

交戦の勃発

ソウルに居たシナの代表者は、これらの改革が成功しないように全精力を傾けた。しかし決裂を決定付けた原因は、それ自体が好戦的な行動であった。当初シナの軍隊派遣の目的は東学党の反乱の鎮圧であったが、軍隊が上陸する前に反乱が無気力によって消滅したため、軍隊の必要性はもはや存在していなかったのである。にもかかわらず、シナは朝鮮内に軍隊を留め、日本軍が駐留していることがその理由であると表明した。その後の交渉期間中、シナ軍は牙山内の塹壕で囲まれた幕営地で待機し、日本軍はソウルに陣を構えていた。シナによる補強部隊の派遣は、日本の進め方に武力で対抗する決意の明確な宣言であるという以外に解釈のされようのないものであった。しかしシナは、牙山の陣営を強化するために部隊を海上から派遣するだけでなく、朝鮮の北側の国境を越える陸路でも陸軍を派遣したのである。この段階で一つの戦争行為が発生した。千二百人の兵士を乗せた軍用輸送船を護送中のシナの軍艦三隻が、日本の巡洋艦三隻に遭遇し、それらを砲撃したのである。シナ船の一隻は拿捕され、もう一隻は激しく破損したため浜に着けた後放棄された。三隻目は崩れかかった状態で逃れ、輸送船は降伏を拒否したため撃沈された。これは一八九四年七月二十五日に起こり、その六日後に両国が宣戦布告を行った。

争いの遠因

日本が東洋の伝統から離脱すること、および東洋の保守主義という枷から自身の手足を解き放つことに精進し始めた時から、日本とシナとの間の溝が徐々に拡大することは防ぎようのないことであった。一八九四年の戦争の本質は、日本の革新とシナの停滞との間の抗争であった。外国、特にロシアによって朝鮮が侵略されぬことを確実とすることは、両国にとって最も重要な事項であった。日本は、日本自身の国力の発展および資源の開発に顕著に寄与した文明を朝鮮にも導入することによって、かかる安全保障を達成できると考えた。シナは、昔ながらの手法から脱却せずとも、アンナン、トンキン、ビルマ、そしてシャムの事例では全く機能しなかった空想的な保護と同じ方法を用いて、その安全を保障することができると考えた。ここで問われた問題の本質は、西洋文明に基づく革新の東洋における伝道者として日本に行動させるべきか、又は、かかる目的に向けた日本の努力がシナの保守主義によって抑制されるべきか、というものであった。

戦争の成り行き

この戦争自体は、日本による勝利の連続であった。最初の海軍の衝突から四日後、日本軍はソウルから部隊を派兵し、牙山の塹壕で防備していたシナ軍を敗走させた。敗走者の多くは、大同川沿いに位置する町で優れた防衛設備を備えていた平壌へ逃げ込んだのであるが、そこは一五九二年に日本の侵略軍が初めてシナ軍と交戦した場所として歴史的にも興味深い場所であった。シナ軍はそこに一万七千人の兵士を集結させ、運命を決する戦いの準備を悠長に行った。日本の部隊が平壌に集まるまでに四十日が経過し、シナ隊はその時間を利用して防護壁を急造し、クルップ砲を配備し、その他の手段を用いて彼らの陣地をより強固なものとした。さらに、日本軍が単発銃しか所持していなかったことに比べ、シナ軍は連発ライフルで武装しており、地面には攻撃部隊が身を隠せる場所はほとんど無かった。そのような状況の下、防衛側が有していた利点は、ほとんど克服不可能であったはずであるが、僅か一日の交戦で全ての陣地は攻略され、攻撃側の死傷者数が七百人足らずであったのに比べ、防衛側は六千人を死傷により失った。

この輝かしい勝利は、同様に顕著であった海戦における成果の前触れとなった。平壌での交戦の翌日である九月十七日に、朝鮮の北部国境を成すヤールー川の河口付近において大規模な海戦が行われた。シナの軍艦十四隻および魚雷艇六隻が、軍用輸送船団をヤールー川まで護送した後それぞれの母港に帰還する途中、黄海で日本の巡洋戦艦十一隻に遭遇した。それまでシナ軍は海戦を周到に回避していた。日本艦隊の中で最大の船は排水量わずか四千トンの装甲巡洋戦艦であったが、シナ艦隊には排水量七千トンを超える装甲戦艦が二隻含まれていた。日本の海上輸送路の壊滅に成功すれば朝鮮方面作戦を停止させることができたに相違ないため、制海権の価値を理解している艦隊司令長官の下であれば、シナ海軍は間違いなくそこを狙って行動したであろう。しかし、シナ軍は歴史から学ぶことを怠ったのである。シナ軍は戦艦を護送の目的にのみ使用し、その目的で使用していない時は、港内に隠していた。シナ軍は、もしその選択が可能であったのであれば、ヤールー川沖での戦いを回避したであろうことは、あらゆる事実が示している。しかし、交戦を強いられた時に、彼らは勇敢に戦った。シナ船隊の四隻が撃沈され、残りは威海衛へ退却した。日本軍による追跡の勢いは、退却する小艦隊の中の魚雷艇の存在によって大きく削がれた。このヤールー川沖海戦における勝利は、シナへの海路を開くこととなった。これによって日本軍は、遼東半島および山東半島にある、大連、旅順そして威海衛という、欧州の専門家らが作成した計画に基づき建造された、最も優れた近代兵器を備え、ほぼ攻略不可能と思われていた強力で恒久的な要塞である海軍基地を、攻撃することが可能となった。これらの要塞は日本軍の攻撃によって、平壌にあった比較的粗造りな要塞が陥落した時と同様の容易さをもって陥落した。唯一粘り強い抵抗を示したのが、威海衛のシナ艦隊であった。しかし、魚雷艇から成る小艦隊の全てが撤退の試みの最中に破壊若しくは拿捕され、係留されていた最も大きな戦艦三隻が日本軍の魚雷によって、そして一隻が砲撃によって沈められると、残りの船は降伏し、それらの勇敢な司令官であった丁提督は自決を遂げた。

これにより戦争は終結した。戦争は七ヶ月半続き、その間日本は総勢十二万人の各種兵士から成る五部隊を戦場に投入した。このうちの一部隊はソウルから北進し、平壌の戦いを制した後ヤールー川に進行し満洲に攻め入り、複数の小規模な交戦を行いながら鳳凰城経由で奉天に向かい、真冬の雪深い最中に隊の作戦の主要な部分を遂行した。二番目の部隊はヤールー川から西方に分かれ、満洲の南部を進軍して海城に到達し、そこから牛荘と営口の攻略に向かった。三番目は遼東半島に上陸した後南進し、大連と旅順を攻撃して占領した。四番目は遼東半島を上り、蓋平を攻略した後、営口に進軍し、そこで二番目の部隊と合流した。五番目は旅順から威海衛に渡り、後者を攻略した。これら全ての作戦の中での日本の死傷兵の数は、戦死者千五名、負傷者四千九百二十二名で、シナ軍による戦闘が非効率であったことを十分に示している。病死者数は一万六千八百六十六名で、総支出額は二千万ポンドであった。

和平の締結

シナ政府は、直隷総督兼北洋大臣であった李鴻章、および李経芳を日本との和平条件協議のために送り、日本は内閣総理大臣の伊藤侯爵（後に公爵）および外務大臣の陸奥伯爵が代表者として臨んだ。この条約は一八九五年四月十七日に下関において調印され、その後両国の君主によって批准された。この条約によって、朝鮮が完全なる独立国家であることが明言され、満洲のうち、安平の河口から鳳凰城、海城、営口を経由して遼河河口へいたる線の南側に位置する地域、並びに台湾および澎湖諸島の主権が日本に割譲され、二億テールの賠償金を支払うことをシナが誓約し、賠償金が支払われるまで日本が威海衛を占拠できることが定められ、さらに、外国との交易のために新たにシナの四つの都市を開放すること、シナにおいて外国人が製造業を営む権利を有すること、および、シナと西洋列強との間の条約と同様の通商友好条約を日支両国間において締結することなどの、商業上のいくつかの特権が確保された。

外国による干渉

この合意が承認されるや否や、ロシア、ドイツおよびフランスは東京の政府に対して、日本に割譲されたシナ本土の領地は無期限に占領されるべきではなく、そのような行為は和平にとって有害であるいとう旨を勧告した通知を連名で提示した。この勧告は通常の外交上の儀礼をもって表現されてはいたが、その署名国が武力に訴えてでも彼らの忠告を強制する心づもりでいることは、あらゆるものが示していた。日本はそれに従わざるを得なかった。シナとの戦争によって日本は莫大な財政支出を強いられ、軍事物資の備えも消費し尽し、艦隊を八ヶ月も間絶え間ない海上任務に就かせていたため、そのような連合体に対抗する余力は残されていなかったのである。日本の決断は迅速になされた。批准された当該条約（遼東還付条約）が公表されたその日に天皇は、平和への不易の献身を公言し、これら欧州諸国が提示した忠言が同じ趣旨に基づき促されたものであると理解し、「寛大さを以って事を処することとし、当該三国の忠言を受け入れることとした」、という内容の詔勅を出した。この出来事に日本国民は衝撃を受けた。ロシアおよびフランスをそのように動かした動機として、前者については、日本人のように勇武で進歩的な国民を自身の国境に接する領地から排除することを願うことは当然至極であり、そして、フランスについても、ロシアとの同盟関係を当然に遵守すべきであったであろうことは、日本人にも理解は可能であった。しかし、ドイツについては、満洲の領有権に関して何の利害関係も有しておらず、専門分野における関係上日本の親密な友人であったので、単にロシアの好意を受けられることとなる何らかの怪しげな権利を確立させるために、日本から勝利の果実を奪うことに加担したように思われた。これは後日判明したことであるが、ドイツ皇帝は、東洋人の大集団が西洋を侵略するという「黄禍」を強く心配しており、無数のシナ人を活用して強大な戦闘機関を構築することを可能とする地位を日本が獲得することを防ぐことが、彼の神聖な責務であると捉えていたのであった。

シナの一九〇〇年の危機

明治時代における日本による三回目の海外遠征の原因の起源は、シナの歴史（同項目参照のこと）に帰属するものである。一九〇〇年の後半に山東で発生し、ペチリの大都市圏にまで拡大した反外国および反王朝の暴動は、天津および北京在住の外国人社会にとって極めて危険な状況を作り出した。欧州の列強および米国の何れも十分に素早い救援手段を構築することが不可能であった。そのために世界は、混乱の現場から距離が近いため介入することが比較的に容易であった日本に注目した。しかし、日本は躊躇した。自国の資源の開発と軍事力の成長が一部の欧州人たちによってどのような疑いと不信の目で見られていたかをその時すでに自覚しており、西洋諸国間の礼譲の輪の中に表面上のみ受け入れられていたことを認識していた日本は、一方で武力を誇示する機会に飛びついたと思われる状況を嫌い、他方で、異国人の社会の中で差し出がましい行為を行う無作法を嫌ったのである。欧州諸国および米国が、日本の助けを必要とし望んでいることを明確に示して初めて日本はペチリに一師団（二万一千人）を派遣した。その後の、真夏の非常に厳しい環境の下での北京への進軍を強いられた北京救済遠征で、日本軍は素晴らしい活躍を見せた。有能な軍事評論家たちによって視察される中、日本人は欧州および米国の兵士と並んで共に戦い目的を遂行し、軍の高い名声を築いたのであった。さらに、日本軍は北京を救済した後、自身の兵力の半分を撤収させたのであり、かかる措置およびその後の交渉における西洋諸国への絶対的な協力姿勢は、日本を警戒した不信感が不当なものであったことを示すこととなった。

ロシアとの戦争

ロシアがドイツとフランスの協力を得て、下関条約の根本的な修正を日本に指図してきた時点（一八九五年）から、日本の政治家たちは、いずれ日本はその北の強国と交戦しなければならないという結論にいたったように思われる。欧州と米国の時事評論家の多くも同様の見方を有していた。しかし、殆どの者は、この東洋の小さな帝国がかかる衝突を起こし絶滅を招くようなことは決してしないであろうと論じ、問題の深刻化を回避するために必要な自制が常に日本側から示されるものと考えていた。

しかし、地理的および歴史的状況を注意深く考察すると、最終的に平和的解決が得られるという望みは少しも存在していなかったのであった。日本の西側沿岸、朝鮮の南側および東側沿岸、そしてロシアの東海岸沿いの臨海地域は、日本海によって洗われているのである。日本海と太平洋とを結ぶ航路は実質的に二ヶ所に限られる。一つは東北部に位置する津軽海峡であり、もう一つは南方、即ち朝鮮半島の南端と日本の九州との間の海峡である。津軽海峡の全域は日本の支配下に置かれている。それは日本の本州と日本の蝦夷との間に在り、必要に応じて日本がそこを機雷で閉鎖することが可能である。朝鮮半島南端と日本との間の海峡は幅が百二マイルあり、そこに島々が点在していなければ開けた良好な航路となったであろう。しかし、その海峡のほぼ中央には対馬の2島が横たわり、日本と対馬とを分ける五十六マイルの空間は、壱岐島によってさらに狭められている。対馬と壱岐島は日本帝国に属している。前者には極めて良好な港が複数在りそれらが海軍基地を形成しているため、そこから海峡のどちらの側も容易に封鎖することが可能となっている。従って、太平洋から日本海への航路は日本帝国が支配していることになる。言葉を換えれば、朝鮮半島の東側および南側沿岸から太平洋への連絡と、ロシアの臨海地域から太平洋への連絡は、日本の厚意に依存するということになるのである。

朝鮮にとっては、これよりも遥かに重要な様々な事項に関して日本の厚意に依存することが朝鮮の運命となっていたため、この問題自体の重要性は低かった。しかし、ロシアの場合は事情が異なっていた。最近までロシアの極東地域における主たる港であったウラジオストックは、その沿海州の南端、即ち日本海の北西の岸に位置している。従って、ロシアにとっては対馬海峡の航行の自由を確保することが必要であったのであり、その確保のためには、ロシア自身が朝鮮側に要塞化した港を保有するか、又は、日本にそのような港を保有させず、その海峡の航行に対する何らの制限も設けさせないという、二者の内のどちらか一つが不可欠であった。端的に言うと、ロシアは、朝鮮半島の南部に自国のために堅牢な足場を取得するか、日本がそのような足場を取得しないよう画策しなければならなかった。これが、ロシアによる朝鮮侵略の強い動機となっていた。

アジアを経由した東方への進出は、南方の海と自由に行き来できる権利に対する渇望と、その望みを叶えようとする試みの中で経験した障害を、顕著に例証している。抑えがたい衝動がロシアを海へと突き動かしたのであった。地中海へ到達しようとする数々の試みが繰り返し阻止された後、ロシアは広大なアジア大陸を太平洋に向けて横断するという、五千マイルに及ぶ征服の行軍を企てた。バイカル湖から東方では、アムール川に沿って最も障害の少ない進路を見つけ、ムラヴィエフ（Muravief）の絶え間ない不屈の努力の結果ロシアがその大河の河口に到達し、海軍基地用としてニコラエフスクを獲得したことは、ロシアにとって即時の褒美となった。しかしニコラエフスクがロシアを満足させることは不可能であった。世界の交易の主たる経路の全てから遠く離れた、環境の厳しい地域に位置しており、それは更なる取得へ向けた足がかりとしてしか利用価値がないものであった。この新しい港から南方に進行することがロシアの当面の目的となった。しかし、その途中には障害が存在していた。アムール川河口から朝鮮の国境まで続く、ウスリー川をその西側の境界線としていたためウスリー地区と当時呼ばれていた長い沿岸地帯はシナに属しており、すでにアムール川に関して多くをロシアに譲歩していたシナは、ウスリー地区に関してさらに譲歩する意向を全く示さなかった。しかし、威嚇されたシナは、明確な境界を定めるのに都合のよい機会が訪れるまでの間、その地域を共有の領土と見なすことに合意したのであった。

その機会はすぐに訪れた。シナが英国とフランスによって跪くまで叩きのめされた瞬間（一八六〇年）を捉え、ロシアはウスリー地区の最終的な割譲を確保し、現在その地はシベリアの沿海州となっている。その後ロシアは太平洋に面した海軍基地をニコラエフスクからウラジオストックに移した。ロシアは南方に向かって緯度にして十度分獲得したことになる。

ニコラエフスクが位置するアムール川河口から朝鮮半島の南岸までの間の東アジアの海岸沿いに

は、北の端を樺太、そして南の端を対馬とする弓形に浮かぶ島々が並び、その中心を成すのが日本の本州である。この弓形の島々が日本海を取り囲み、その凸面は太平洋によって洗われている。ロシアの海軍基地をニコラエフスクからウラジオストックに移した直後に、その弓の南端である対馬を占領しようとする試みがなされたのであった。ロシアの軍艦一隻が対馬へ行き、静かに居留地の設置を始めたのであり、もし英国が介入しなければ、かかる行為によって間も無く、所有権が生じていたであろう。それほどまで苦労して獲得したウラジオストックではあるが、それが位置する海岸が面する海から太平洋までの航路が開かれない限り、その利用価値は比較的低いとロシアは認識し、従ってロシアは対馬海峡の支配権を獲得せんと試みたのである。

アムール川河口に到達するとただちに、上記と同じ本能がロシアに樺太の植民地化を開始させた。この細長い島の軸は、かなり急な角度でウスリー地区に向かって傾斜しており、島の北端はそこにほぼ接している。その南端は宗谷海峡によって蝦夷から分離している。しかしロシアは、樺太で日本の支配下に置かれている住民に遭遇した。事実上、その島は日本帝国の一部であったのだ。しかし、ウスリー地区を共有領土とした虚構と同じ手段に訴えることによって、ロシアは一八七五年に樺太全島をロシアの領土として移転させることに成功した。

これ以上の日本の領土に対する侵略は安易に試みることができず、ロシアは手を控えていた。ロシアは三重に阻まれていたのであった。本土沿岸に沿って南方へ進行する試みにおいて阻まれ、ウラジオストックから太平洋に抜ける航路を確保する試みにおいて阻まれ、そしてウラジオストックではその定義を満たすことができない不凍港の探索において阻まれていた。朝鮮半島に向けられた企てが、アジア大陸横断行軍という大事業がもたらした海事上の成果を意味あるものとする唯一の希望であるように思われたのであった。

果たして朝鮮はそのような企ての確実な射程内にあったのであろうか。全ての事柄はそれに対して肯定的な答えを呈示しているように見えた。朝鮮は、侵略者が望む条件の全てを備えていたのである。朝鮮の人民は非進歩的であり、資源は未開発、防衛能力は微々たるもので、政府は腐敗していた。しかし朝鮮はシナの進貢国であり、シナは自国の緩衝国の保全にいくらか固執し始めていた。それに加えて、日本も朝鮮に関して決意を有していると解されていた。従って、全体として、アムール川の水路と長い海路を補完する何らかの兵站線の存在無しでロシアが行使できる規模の戦力では、ムラヴィエフと彼の副官たちの努力を完全に結実させるには不十分であった。そのために、ロシアはアジア大陸を横断する鉄道の建設に着手したのである。

アムール川がロシアの東アジア領土の国境を構成していたため、この鉄道はその北岸に沿って敷設しなければならいこととなるが、そこには多くの技術上および費用の問題が存在した。それに加えて、アムール川は、その流路の早い段階から、北に向かって大きな半円の弧を描いており、鉄道がウラジオストックまでその岸に沿うということになると、それと同じ遠回りをしなければならなかった。逆に、もし鉄道をその半円の直径上に敷設できれば、直線となり、従って距離も短縮されるため、技術的により容易となり、費用面も改善される。しかし、その直径はシナの領土を通過することとなるが、技術シナの承認を脅し取るための口実は見当たらなかった。そのためロシアは路線の両端から建設を始め、アムール川流域の建設はとりあえず後回しとした。

一八九四年に日支間で戦争が勃発し、日本が完勝し和平の対価として朝鮮の国境から渤海湾の入り口に位置する遼東半島にいたる満洲の南湾岸部を要求した時に、ロシアは直ぐに行動に出た。これはロシアの発展にとっての危機であった。この日本の要求が通ったならば、ロシアの沿海部の拡張部分が、ウラジオストックよりもさらに太平洋に近づくことが不可能となると理解した。何故ならば、日本は朝鮮をシナの宗主権から救うためだけの目的で戦ったのではなく、日本が満洲の沿岸の一部を要求した目的は、朝鮮を北からの侵略、即ちロシアによる侵略から守ることにあったのであり、提案されていた取決めは、満洲の湾岸部を直接日本の占領下に置くだけでなく、朝鮮の湾岸部も日本の擬制的支配権の下に置くこととなるからである。

ムラヴィエフの大事業は、彼の国をまずアムール川の河口まで拡張し、そこから海岸沿に南へウラジオストック、そして朝鮮の北東の先端に位置するポシェット湾まで進めた。しかしそれは未だに太平洋へ自由に出入りする権利をロシアに与えるものではなく、さらにこの時、渤海湾にいたる東アジアの残された沿岸の全てが日本の領地又は支配地にされようとしており、太平洋への出入りに対し恒久的な障壁を設置されてしまう危機にロシアは晒されたのであった。

その時にロシアは驚くべき手段に出た。ロシアは日本を満洲から追い出すようドイツとフランスを説得したのである。ロシアが自国の侵略的計画を正直に明かした上でその遂行への支援を要請したとは考えられない。また、フランスとドイツがその計画を見逃すほど洞察力が著しく欠如していたとも考えられない。何れにせよ、これらの三強国は日本に撤退するよう通知し、シナとの争いで疲弊していた日本には、それに従う以外の選択肢はなかった。その通知には理由の解説が付されていた。それら署名国は、日本による満洲沿岸部の保有はシナの首都の安全保障を脅かし、朝鮮の独立性を形骸化させ、東洋の和平にとって障害となる、と述べたのである。少しでも状況の保全を図ろうとした日本は、満洲の如何なる部分もその後外国に租借又は割譲されないという保証をシナに求めた。しかしフランスは、そのような要求を強要するとロシアの気分を害することとなると日本に忠告し、ロシア自身も、満洲を侵害する意図を全く有していないと言明したのであった。日本がかかる保証を強要できる立場にあったのであれば、それら三強国の指図に逆らえる立場にもあったであろう。そのどちらを行うことも不可能であった日本は、静かに満洲から退き、自国の陸軍を二倍、海軍を三倍に増強することに着手した。

この事案において表面上シナを援助したことへの報酬として、ロシアはアジア大陸横断鉄道の経路を、アムール川沿いの大きな湾曲線から満洲を通過する直線へと変更することに対する北京の承認を取り付けた。ドイツおよびフランスの何れも、何の即時の報酬も受領することはなかった。その三年後、暴徒による二人の宣教師の殺害に対する賠償として、ドイツは山東地区の一部を取得した。するとロシアはただちに、他人の悪事は自分の悪事を正当化するという行動規範に基づき、一八九五年に日本を追い出した遼東半島の租借権を獲得したのである。これに続きロシアは、満洲の北から南まで通過する、アジア大陸横断鉄道の支線の建設許可をシナから脅し取った。

これによりロシアの海事上の願望は大きく変容した様相を帯びてきた。ウラジオストックとポシェット湾から朝鮮の海岸沿いに南方へ進行するのではなく、ロシアは突然朝鮮半島を飛び越えて、遼東において太平洋への接続経路を入手したのである。ロシアが満洲の実質的支配者であることを認めさせるために唯一欠けていたものは、そこに軍隊を駐留させるためのもっともらしい口実であった。その口実は、一九〇〇年に生じた義和団事件によって提供された。その結末として、ロシア軍はその全域を占拠したのであるが、平和と秩序が完全に取り戻されるまでは占拠を継続するとしていれば、ロシアはこの占拠を容易に永久のものとすることができた可能性があった。

しかし、ここでロシアは判断を誤った。シナからはどのような譲歩でも説得又は威嚇して引き出せると考えていたロシアは、満洲に対する領有権をロシアに事実上認めることとなる取決めを提案したのである。日本はこれら一連の動きを深い懸念を持って凝視していた。もしロシア、ドイツおよびフランスが解説した、日本が満洲の一部を占領することに付随する危険性に何らかの真実味があったのであれば、ロシアが満洲の全域を占領することには、それらと同じ危険性、即ち、シナの首都の安全保障が脅威に晒され、さらに東洋の恒久的な平和に対する障害が設けられるという危険性が、倍増して付随することとなるのである。

朝鮮国家の独立が日本の最も切望する目標の一つであった。歴史的に見て、日本はこの小国に対して宗主国としての関係に類似した関係を有していた。昔の征服の名残は、南沿岸上の釜山に在る居留地以外何も存在していなかったものの、朝鮮半島における如何なる外国の侵略行為も日本の国民感情を深く傷付けることとなったであろう。一八九四年に日本がシナと戦争をしたのは、朝鮮を独立国家として確立させるためであった。そしてその戦争の後の、朝鮮国境に接する満洲沿岸部の日本による併合は、同盟三国はそれが朝鮮の独立を脅かす行為であると考えるふりをしたのであるが、実は朝鮮の独立を確保することを意図したものであったのである。

しかし、ロシアが満洲全域を手に入れると、それに続いてロシアが朝鮮を吸収しようとすることはほぼ確実であった。何故ならば、満洲全域を手に入れると、上述したウラジオストックへの海路に関する考察に、絶対的な説得力が生じることとなるからである。満洲の面積は、フランスと英国を合わせたものより大きい。渤海湾および黄海に面した沿岸地域を含む、そのように広大な土地がロシアの東アジア領土に追加されるとなると、極東地域におけるロシアの海軍力のそれに対応した拡大が必要となる。しかし、ポートアーサーを除いて、満洲の海岸には海軍基地として都合のよい場所が存在しない。朝鮮南部の素晴らしい港においてのみ、そのような用地を見つけることができるのである。

さらに、ロシアを朝鮮に向けて駆り立てるより強い動機が存在した。ウスリー地区も満洲の沿岸地域も、ロシアの永遠の望みである温帯地方の海への自由な出入りを満足させるに適した港を一つも有していないのである。従って、朝鮮無しでは、ロシアの東アジアにおける展開は、領地として広大な地域を追加したものの、商業的に不完全であり戦略的にも欠陥を有するものとなってしまうのであった。

歴史および国民感情以外に、何故日本がロシアによる朝鮮支配に異議を唱えるのかと問われれば、その答えは、第一に、それを許せば日本の海岸にほとんど砲弾が届いてしまうような距離に、強大な軍事力および飽く無き野心を有する強国が根を下ろすこととなり、第二に、ロシアが自国による鉄道網に基づき満洲の将来に対して何らかの発言権を有しているのであれば、日本も朝鮮半島内の鉄道網の唯一の所有者として、同様の発言権を朝鮮の将来に対して有しているのであり、第三に、ロシアは朝鮮の外国交易において全体として僅かな割合しか占めておらず、真正な居留者も十人足らずであるのに比べ、日本は朝鮮の外国交易においてより大きな部分を占め、居留者の数も数万人に及んでおり、第四に、もしロシアの支配地がオホーツク海から渤海湾まで途切れることなく続くこととなれば、ロシアによるシナ北部の最終的な編入は、日が昇ることと同等の確実性をもって生じるものであり、第五に、かかる支配および編入によって、その広大な地域の全てが日本の商業および工業、並びにロシアを除く全ての西洋諸国の商工業に対して、実質的に閉ざされることとなる、というものである。

この最後に挙げた答えは、ロシアの手の届く範囲に持ち込まれた商業機会を自国の利益のために活用できるようにすることを期待できる唯一の手段が、自由競争に対して人為的障壁を設けることであったという事実のみを根拠とするものではない。これは、シナとの条約に基づき米国民および日本国民に対して最近解放された複数の商業地において外国人居留地を設置することに、ロシアが反対したという事実も、その根拠となっている。居留地の存在無しでは、それらの商業地における交易は不可能となるため、ロシアは、ロシアが阻止できる限り、ロシア以外との交易は生じ得ないと公言したに等しいのである。

日本は、そのような危機に対して、如何なる自衛的手段を採用することも正当化されたであろう。日本はかかる危機の発生を六年前から予測して、それらを回避するために自国の強化に努めてきた。しかし、日本は平和を望んでいた。日本は自国の原料資源の開発と、ある程度の富を蓄えることを望んでいたのであり、それら無しでは日本は世界の中で影響力を持たない小国であり続けなければならなかったのである。二つの和平的提案が提示され、日本はその両方を受け入れた。

ロシアは、時間の経過がロシアの満洲保有を強固にしてくれると信じるのではなく、条約によって権利を付与するようシナに対して尊大に迫るという誤りを犯したのである。そしてこの時、北京がこの要求を拒むことができるように北京に力を与えることができれば、明確な期限付きの何らかの取決めを成立させることができる可能性が存在した。米国、大英帝国および日本はその目的のために手を結び、シナが強い決意を示すことによってロシアが自国軍を三回に分けて満洲から撤退させることを約束する条約に最終的に署名するまで、シナの気骨を強固なものとすることに成功したのであり、撤退の各段階はそれぞれについて定められた期日までに完了することとされた。これが和平的提案の一つであった。

もう一つは、義和団事件の結果シナが交渉に応じることを約束した、新たな通商条約に関連して示唆されていた。これらの条約の条項は、満洲内の三ヶ所を外国交易のために開放する旨を規定したのである。満洲の主権者であるシナとの約束によって満洲への商業上の参入権を確保した列強は、列強のかかる特権に対してロシアが専横的に制限を加えることを許さないであろうことは、合理的に期待され得るもののように思われた。定められた期日までに満洲から撤退することを厳粛に約束したロシアが、その約束を履行することもまた、合理的に期待され得るもののように思われた。

しかし、後者の期待は顕著に裏切られたのであった。撤退の期日が到来した時に、ロシアはあたかもそのような約束は一切されていないかのように振る舞った。ロシアは、満洲に対するロシアの支配を弱めるのではなく逆に強化することとなる、全く新しい条件を提案してきた。シナは何らの実質的な異議を申し立てる力も有しておらず、重要性の順位から見て日本がその次に大きな利害を有していたため、東京の政府は直接ロシアに接触した。

日本側はロシアの自尊心を傷つける、又は、立場を損ねるようなことは何も要求しなかった。巨額の資本金を支出することによってロシアが満洲において取得した経済的な立場を十分理解していた日本は、ロシアが朝鮮における日本の立場に同様の理解を示し、日本と共にシナおよび朝鮮の主権および領土保全を尊重し、全ての国が満洲および朝鮮半島において商工業上の平等の機会を有するという旨の共通の合意の一当事国となることを条件として、その立場を認めることを申し出た。一言でいえば、米国および大英帝国が言明している政策、即ち門戸開放とシナ・朝鮮帝国の領土保全政策に、ロシアも賛同するように日本は呼びかけたのであった。

かくして五ヶ月半続くこととなった交渉が始まった。日本は徐々に自国の要求を最小限にまで削減した。ロシアは如何なる些細な譲歩もしなかった。ロシアは満洲に関する日本の言い分に一瞬たりとも耳を傾けることを拒否した。その八年前に日本は満洲を軍事的に手中に収めていたところ、ロシアがドイツとフランスの手を借りて、シナの首都の安全保障、朝鮮の独立、および東洋の平和という、日本がそれら三国のどれよりも比較にならないほど強く憂慮する事柄を理由に、日本をそこから追放したのであった。今、ロシアは、これらの事柄の何れも日本には無関係であるという旨を暗に宣言するという、傑出した厚顔さを示したのである。

ロシアが認め得る上限は、日本が朝鮮に関して意見を述べる限定的な権利を有している、というものであった。そしてそれと同時に、一部には恐らくロシアの潜在的能力を示すために、そして一部には他へ注意を逸らす手段として、ロシアが朝鮮北部で一連の侵略的行動に着手したのである。しかし事はこれに止まらなかった。一方で日本の提案に対する回答を努めて遅らせ、交渉を実際に傲慢と言えるほど長引かせておきながら、ロシアは大規模艦隊および新たな軍隊を東に向けて送り出すことを急いだのであった。最も鈍感な政治家でさえロシアの目的を誤解することは不可能であった。ロシアは何も譲るつもりはなく、ただロシアの強情さに服従することとなるように、軍事力の誇示を用意するだけであった。日本に与えられた選択肢は、戦争をするか、又は、アジアにおいて完全且つ永遠に消滅するか、の何れかのみであった。そして日本は、軍事独裁国家、冷酷な領土拡大計画、そして身勝手な規制政策に対抗する戦争を選び、全ての者の自由と機会平等を勝ち取るための戦いを、シナおよび朝鮮の主権と領土保全を不適切に侵害すること無しに遂行したのである。

戦争の結果

この後生じた大規模な争いの詳細は他の項目で記している（「日露戦争」の項目を参照）。奉天の戦いの後、両交戦国は、両国間における次の壮絶な争いの舞台に向かうか、又は和平交渉の舞台に向かうかの、どちらか一方を選択する局面にあった。この時点で、米国大統領が人道のために介入し、一九〇五年六月九日に、ロシアとの直接交渉を開始することを日本の政府に促すことを、東京に居る米国の代表者に指示し、これと厳密に一致する内容の通知が、サンクト・ペテルブルグに居る米国の代表者を通してロシア政府にも同時に送られた。日本の返答は六月十日になされた。それは腹蔵のない黙諾を暗示したものであり、ロシアもただちに同様の行為を成した。にもかかわらず、両交戦国の全権使節が八月十日に米国ニューハンプシャー州のポーツマスで顔を合わせるまでに二ヶ月が経過した。ロシアはヴィッテ氏（後の伯爵）とローゼン男爵を送り、日本は、この戦争を通して外務大臣の職にあった小村男爵（後の伯爵）および高平氏（後の男爵）を送った。

後に知られたように、この講和会議を開始する時点において日本の政治家たちは、成功を収めた日本の戦争行為によって日本が獲得した名誉の大部分が、この交渉の結果喪失されることとなるであろうことを明確に予見していたのであった。日本の国民は、この戦争において日本に生じた費用をロシアが確実に弁償するであろうことを慣例的に期待していたが、東京の内閣は、自国の領土が実質的に侵略されたわけではなく、自国の存在自体が脅かされたわけでもなかった大国に対して、賠償金の支払いを要求しても徒労に終わるであろうことをよく理解していた。とは言うものの、かかる確信を隠することが外交術上必要であったため、ロシアは金銭に関する協議の局面が最も厳しいものとなると信じて講和会議に臨み、同時に日本の国民も、一億五千万スターリング全額に及ぶ補償金の受領を期待していた。

しかし、絶対に必要な条件として小村男爵に対して出されていた指図は、戦争の前に日本がすでに考案していた条件のみであった。日本の戦いの目的の達成が、極東の平和のために不可欠であると日本は確信していたため、それらが確実に達成されることを強く要求しなければならないが、それ以外のものは何も要求するつもりはなかったのであった。従って日本の全権使節は、条件の重要度の高い順番に交渉を進め、ロシアの代表者には、逆の順番が採られ金銭と領土問題にいたる前の事項は全て重要度が低いと思わせる方が賢明であると判断したのであり、ロシアの代表者は恐らくそう思わせられたことであろう。

八月十日に始まった交渉は、講和条約が締結された九月五日まで決着しなかった。その間に、日本に対し一億二千万スターリングを支払うことによって樺太を買い戻すことにロシアが合意しない限り、協議は物別れに終わるであろうと、事態を傍観していた世界が信じた瞬間があった。もしロシアがアムール川河口を制する樺太北部から追い出されたならば、ロシアのシベリアにおける立場が危うくなるため、そのような交換は決して合理性に欠けるものではないように思われた。しかし、日本の交渉を指揮していた政治家たちは、領土拡大の希望を何ら示すつもりはなかった。樺太の南半分は元来日本に帰属していたのであったが、日本国民が強く憤った取決めによってそれがロシアの領土となってしまっていたのであった。従って、樺太のその部分を取り戻すことは、正当性のある念願のように思われた。日本はそれより大きい要求は考えておらず、補償金を真剣に要求することもなかった。従って、交渉が失敗に終わる危険は実際にはなかったのであった。

ポーツマス条約は、日本が朝鮮において「政治上、軍事上、および経済上、最優先的な権益」を有することを認め、条約の両当時国が同時に満洲から撤退することを定め、ロシアがシナから取得していた遼東半島の租借権を、長春から南に位置するロシアの鉄道並びに付随する全ての採炭権およびその他の特権と共に日本に移譲し、北緯五十度線を境界として樺太の南半分を日本に割譲し、日本海、オホーツク海、およびベーリング海の沿岸における日本国民の漁業権を確保し、戦争中ロシア兵捕虜の扶養のために日本が支出した費用からロシアが日本兵捕虜のために支出した費用を差し引いた額をロシアが返済する取決めを定め、それによって日本が四百万スターリングの支払いを受領するものとし、そして、条約当事国は満洲から自国の軍隊を撤退させるものの、自国の鉄道を警備するために路線一キロメートル当たり十五人を超えない数の警備兵を維持することができると定めた。

その他にも重要な制限が設けられた。第一に、条約の当事国は、ロシア又は朝鮮の領土の安全保障を脅かすこととなるような軍事行動を、ロシアと朝鮮との間の国境で行うことを控えることとし、第二に、満洲鉄道を戦略目的に利用しないことを両国が約束し、第三に、樺太およびそれに隣接する島々に如何なる要塞又はその他の同様の軍事施設も建設せず、さらに、宗谷海峡および間宮海峡の自由な航海を妨げることとなるような軍事行動を執らないことを両国は約束した。上記の条項は条約の両当事国のみにかかるものであった。

そしてシナの権益も考慮された。従って、租借されている地域を除き、当時日本又はロシアの軍隊によって占領又は支配されていた満洲の全ての地域を「シナの排他的統治管理下に全て完全に返還する」こと、ロシアが満洲内において保有する租借権および特権を日本に移譲するためにはシナの同意を得なければならないこと、「満洲におけるシナの主権を侵害する、または機会均等主義に反する如何なる領土上の利益又は優先的若しくは排他的特権」の保有もロシア政府は否定すること、が合意され、さらに、日本とロシアは「満洲の商業および工業の発展のためにシナが講じる、全ての国に共通する一般的な対策を、妨害しないことを相互に約束した」。

この後で大きな注目を集めることとなった状況を明確に理解する上で、条約当事国固有の権益と、シナ自身および諸外国全般の権益とを区別することは不可欠である。アヘン戦争の時（一八五七年）から義和団の乱（一九〇〇年）までの間、西洋の列強各国は、シナにおける支配的立場を得ようと奮闘し、各国は自国の利益のための排他的な免許および特権を獲得することを、他国の権益をそれほど考慮することなく、そしてシナの主権を全く考慮することなしに試みたのであった。この期間の成果は、領土（香港およびマカオ）の永続的な割譲、一時的に外国の主権を複数の地域（膠州、威海衛、および広州）において確立させた租借権、鉄道および採掘にかかる特権、並びに、外国の裁判権が最終的権限を有する外国人居留地の開港場における設立であった。

しかし一九〇〇年に義和団の乱によって全ての列強国民が共同駐留地に追いやられた時に、その二、三年前から認められるようになってきた考え方、即ち、シナの領土を保全し機会の均等および等しく解放された門戸を全ての国に対して差別なく確保するという方針に沿って協調して行動することが、シナの分裂を防ぎ悲惨な結果をもたらす可能性を有する競合利害間の衝突を回避するために、実行できる唯一の方法であるという考え方の、真の価値に目覚めたのであった。

勿論これは、すでに獲得している特別な権益の放棄、又は既存の特権の返上を意味するものではなかった。この取決めは、如何なる意味においても遡及的な効果を有することは意図されていなかったのである。既得権はその付与の対象期間が過ぎるまで、又は、シナの能力が真の自律を可能とする成熟度に達するまで、厳格に保護されることが想定されていた。

かくして、興味深い状況が作り出されたのであった。シナの主権、シナの領土の保全、並びに、門戸開放および機会均等の強制を尊重するという国際社会による公言と、それらとは全く異なる過去の遺産とが、共存することとなったのである。ロシアはこの新しい方針を支持したが、ロシアが満洲において以前から享受していた権益の何れも削減することを拒否したことは驚くべきことではなかった。

かかる権益はとても重要なものであった。それは、遼東半島を対象とした更新条項付の二十五年間の租借権を含むものであり、その千二百二十平方マイルの範囲内で、シナ軍はそこを通過することが禁止されている一方で、ロシアは完全な行政権を行使できるだけでなく、陸、海軍によるあらゆる種類の行動が許されていた。かかる権益は、上述した地域の北側に隣接して、さらに広大な中立地帯を設置することを含むものであり、当該地帯はシナの行政権下に留まるとされているものの、そこにはシナ軍とロシア軍の何れも進行することは許されず、シナはロシアの同意を得ること無しに、当該地帯内において如何なる第三国の者に対しても土地を割譲、取引市場を開放、又は特権を付与することができないとされていた。かかる権益はさらに、千六百マイルに及ぶ鉄道（シナはこれを、一九三八年に実費で買い取る機会を有し、さらに一九八二年には無料で受領する権利を有している）の建設許可に加え、鉄道の両側に広がる広大な地域を保有し、あらゆる意味においてそれらの地域を管轄し、路線沿いに存在する全ての炭鉱を採掘する権利を含むものであった。

ポーツマス条約の下で、これらの権益はロシアから日本に移譲されたが、鉄道は、長春から南の部分のみ（五千二百十三マイル）が日本の取り分となるように分割され、そこから北の部分（千七十七マイル）はロシアの所有物として留まった。上記移譲および割り当てに対するシナの同意は、一九〇五年十二月二十二日に北京において調印された条約の中で取得された。従って日本は満洲において幾分矛盾する立場を有することとなったのであった。一方で、日本はシナ帝国の領土保全の擁護者、並びに機会均等および門戸開放という新しい考え方の主唱者として登場したが、他方では、上記の考え方とは多少矛盾する多くの特権の受遺者のように見受けられたのである。

しかし、同時に、欧州列強のほとんど全ての国も同様の状況にあった。それらの国々の場合にも、同様の不調和が、新しく公言された方針と旧い慣習の名残との間に見られた。かかる原則を遡及的に遵守することに甘んじる考えが他の何れの国にも全く無い中で、日本のみが当該原則のための供物台の上に多大なささげ物を差し出すということは、ほとんど期待できないことであった。しかし日本は実際に、鉄道付属地を日本の排他的使用に留めておく完全なる権利を有していながらそうせず、かかる地域内の十六ヶ所を外国との交易のために開放するようシナに要請し、その約束を取り付けることにより、門戸開放主義に対して有している敬意の明確な証拠を提示したのである。

しかしその他に関しては、過去と現在との間の矛盾は、シナ全体を通して存在してはいたものの、東部の三地区（満洲）ほどそれが人目を引く場所は無かった。それは、矛盾の程度に実質的な差異があったということではなく、満洲が近代における最大の戦争の舞台となったからであり、その戦争がこの新たな方針のために日本によって戦われたためであり、さらに、門戸開放の平等とシナの領土保全の原則がポーツマス条約、日英同盟、並びに後にフランスおよびロシアと締結した協約の主たる基礎となったからである。端的に言えば、世界中の目がシナ本土から逸らされて満洲に釘付けとなったため、日本の全ての行為が非常に厳重な精査の対象となり、世界の国々は、あたかも日本がほとんど理想の極みに達した規範に従った行動をとることを期待しているかのように振舞ったのである。

シナの心持も状況を大いに複雑なものとした。シナは二つの穏健で無理のない選択肢を有していた。一つは、邪悪な過去においてシナが外国の列強に付与した様々な特権が満期を迎えて失効するまで静かに待つこと、もう一つは、シナ自身が誠実な改革および勤勉な発展を遂げることによって、それらを早期に取り戻すために必要とされる適格性を得ることであった。表面上は、シナは後者を選択したのであるが、実際にはシナは強い焦燥に駆られてしまった。「権利回復運動」の名の下、シナの国民は、シナの主権を毀損するあらゆる条件の継続に対して激しく抗議するようになり、この苛立ちが、満洲における状況から必然的に生じた様々な懸案事項に対するシナの姿勢に影響を与えたため、シナと日本との関係が一九〇九年の初旬に幾分緊張化することとなった。

ロシアとの戦争後の朝鮮における日本

朝鮮をその原因として二つの戦争を戦った日本は、朝鮮の独立を維持するという方針を修正する必要性を確信しながら二つ目の戦いを終え、そして、朝鮮人と日本人のアイデンティティ、極東における関心事、および朝鮮に関する日本の利害の性質の至上性は、日本が他の如何なる国の手にも朝鮮の管理を委ねることを許さないため、日本自らその責任を引き受けなければならないのである。

欧州および米国も、現状に対するかかる見解を認め、それぞれの公使一行をソウルから撤退させることに合意し、朝鮮の外交の管理を全て日本の手に委ね、日本はさらに、外国による侵略行為又は国内の動乱が生じた場合の軍事行動の指揮権も引き受けた。しかし国内の行政に関しては、日本の役割は継続して助言的な監督に限られていた。

従って、ソウルに居た日本統監は、各地方に赴任している駐在外交官らと共に、それまで外国の代表者および領事によって執り行われていた機能を引き受けたが、朝鮮政府は単に日本の専門家らを顧問として雇用することを要請されただけであり、彼らの助言を受け入れる、又は拒絶する権利は、彼らの雇用主が保持していた。

しかし、この選択権付制度に基づいて何らかの真の改革を望むことが無駄な努力であったことが、再び実証されたのであった。日本は、統監としての任務を遂行するために、日本で最も高名な政治家であった伊藤公爵を派遣した。しかし、深淵な忍耐と気転を有する伊藤公爵をもってしても、選択権をより制限した手法に頼る必要があると判断せざるを得なかった。従って、一九〇七年七月二十四日に新たな合意が調印され、それによって統監は、法律および条令を制定および強制すること、朝鮮の官吏を任命および解任すること、並びに、有能な日本人を行政機関の要職に就かせることを、主導および助言する権限を取得したのである。

これが朝鮮の独立性にとって痛手となったことは否定できないが、これが不可避であったことも、同等に明白であったと思われる。なぜならば、朝鮮には中世的諸制度の最悪の悪弊のほとんど全てが存在していたからである。司法の運用は情実又は利害にのみ基づき行われた。警察は、その腐敗と無能によって、生命および財産の保障を不安定なものとした。軍隊は、金銭ずくで動く使いものにならない者の集団であった。役職は売買によって割り当てられ、何千人もの無能者が行政官の要職を埋めていた。朝廷には占い師とあらゆる種類の陰謀者が男女の別なく群がっていた。王家と国家の財政は絶望的に混同されていた。整備された司法制度などは存在しなかった。多くの場合、証人は共犯者と見なされ、証拠を得るために拷問が一般的に行われ、民事訴訟における被告は収監された。投獄は財力の乏しい者にとっては、死又は生涯不具にされることを意味した。仮に死にいたらなくとも不具にされるほどの激しいむち打ちは、一般的な罰であった。強盗およびそれよりも重い重大犯罪の全ては死罪の対象となり、女性の犯罪者はしばしば、恐ろしいほどの激痛を伴う毒を投与することによって処刑された。流通貨幣はこれ以上ないほどに混乱した状態であった。極端な汚職と金銭の強要が徴税に関連して習慣的に行われていた。

最後に、平均的な朝鮮人が、基本的な美徳であるところの愛国心に欠けていたことを示すものは何もないが、政治的謀略者たちの目には、帝国の安全保障および独立が価値あるものとは映っていなかったことを示す証拠が繰り返し現れたのであった。日本は朝鮮から全てを引き上げるか、又は、そこで思い切った改革を実行するかの、どちらかを選ばなければならなかった。日本は必然的に後者を選択し、日本が一九〇六年の初めから一九〇八年の終わりまでの間に達成した事柄は、簡略に述べると次のようなものであった。適切な課税制度の策定、年次予算を管理する部門の組成、課税対象財産の再評価、生産的事業のための公的貸付の実行、流通貨幣の改革、農業および商業銀行を含む、様々な種類の銀行の設立、銀行券を流通させるための団体の創設、農家に資金を提供するための倉入れ制度の導入、沿岸の点燈および浮標設置、郵便業務、電信業務、道路整備業務、鉄道業務の提供、公共施設の建設、様々な産業（印刷、れんが製造、森林管理、採炭業など）の興業、模範農場の整備、綿栽培の開始、産業訓練学校の建設および設備の設置、公衆衛生関連事業の開始、病院および医学校の開設、優れた教育制度の構築、複数の街における上水道の建設、中央政府の完全な改造、裁判所と行政府との区別、および裁判官と行政官との区別、効率的な警察組織の組成、日本人裁判官が法廷の過半数を占める法廷の構築、新しい刑法の制定、課税制度の徹底的な改革。

一九〇七年の夏に、統監は朝鮮の君主に対して、役に立たず費用のかかる軍隊であった常備軍の解隊を助言した。この措置は間違いなく望ましいものではあったが、この軍隊の御し易さは過大評価されていた。彼らの一部は猛烈に抵抗し、多くはその後二年近く漫然と続いた反乱の中核を成した。この反乱によって、反乱側二万一千名、日本側千三百名が命を落とし、日本は約百万スターリングの支出を強いられた。全てを合わせると、一九〇九年の終わりの時点で、日本は朝鮮のために千五百万スターリングを支出していた。日本はさらに、一九〇九年十月二十六日ハルビンにおいて、朝鮮人狂信者による暗殺によって、老練な政治家であった伊藤公爵を失うこととなった。

最終的に、一九一〇年八月二十九日に日本が朝鮮を併合したことによって、この特異な状況に終止符が打たれた（さらに、「朝鮮」の項目を参照のこと）。

戸山穣（とやま　みのる）

カリフォルニア州弁護士。スタンフォード・ロースクール卒業後、日米の法律事務所および欧米系大手金融機関での勤務を経て独立する。

一九一一年版ブリタニカが語った日本外交史

平成二十九年五月二十五日　第一刷発行

著　者　戸山　穣

発行人　藤本　隆之

発　行　展　転　社

〒157-0061 東京都世田谷区北烏山4-20-10

TEL　〇三（五三一四）九四七〇

FAX　〇三（五三一四）九四八〇

振替〇〇一四〇―六―七九九九二

印刷　中央精版印刷

定価［本体＋税］はカバーに表示してあります。

ISBN978-4-88656-437-5